El líder que marchitó a la Rosa

José Antonio Gómez

Primera edición: Abril 2016
© José Antonio Gómez Hernández
ISBN: 978-1530891641

A Verónica, porque siempre está a mi lado, porque siempre me saca una sonrisa aunque el corazón llore

*Sois socialistas no para amar en silencio vuestras ideas,
ni para recrearos con su grandeza y con el espíritu de
justicia que las anima, sino para llevarlas a todas partes*

Pablo Iglesias

*Yo no apostaría el pellejo por un hombre que estando
perdiendo, se riera.*

George S. Patton

PREÁMBULO

Que los tiempos cambian es una obviedad de tal calibre que casi es innecesario mencionarlo. Sin embargo, esos cambios pueden ser a mejor o a peor, pueden afectar de una manera o de otra a personas, instituciones u organizaciones. Eso es lo que le está ocurriendo a la socialdemocracia europea y, sobre todo, al PSOE.

El tan atacado capitalismo también tuvo su lado humano, aunque no lo crean. Fueron los años en los que en Europa, tras el desastre de la II Guerra Mundial, se llegó al acuerdo tácito de implantar un Estado del Bienestar donde parte de los beneficios de ese capitalismo estuviera destinado a dar a los ciudadanos una sanidad universal, una educación pública y unos derechos sobre los que se asentara la dignidad mínima de las personas. Una gran parte de la responsabilidad de esa implantación del Estado Social fue de los partidos socialistas o socialdemócratas europeos. Cada país lo implementó dentro de sus posibilidades. Evidentemente, en España, donde gobernaba uno de los dictadores más despiadados de la Historia de la Humanidad, hubo que esperar a que Franco muriera para que los españoles pudieran disfrutar de esos derechos contenidos en la Declaración de Derechos Humanos de la ONU. Y fue el Partido Socialista el que, tras alcanzar el poder en 1982, llevó a efecto lo que declaraba la Constitución de 1978 como derechos inalienables de los españoles.

Había circunstancias que hacían que ese Estado del Bienestar se nutriera de los beneficio del capitalismo, del mismo modo en que la socialdemocracia era fundamental en el desarrollo democrático y social de las naciones. Por un lado había que contraponer una sociedad basada en las libertades a las dictaduras de corte estalinista. Por otro lado el propio capitalismo precisaba generar un bienestar que aumentara el consumo y la producción, lo que incrementaría los beneficios. Era un sistema basado en un círculo donde a mayor consumo, mayor producción, lo que generaría un mayor beneficio que se invertiría, a través de la imposición fiscal, en mejorar el Estado del Bienestar. Hay economistas y politólogos que achacan a la caída del Muro de Berlín y de los regímenes estalinistas la ruptura de ese equilibrio y la conversión de ese capitalismo productivo en un sistema especulativo salvaje donde lo único que se valora es el beneficio neto, por encima de lo que sea. Si a esto le unimos la llegada al poder de formaciones políticas que basan su ideología económica en el neoliberalismo y que tienen como ejemplo de gobierno a personajes tan siniestros como Ronald Reagan, George Bush o Margaret Thatcher y que no creen en el Estado del Bienestar, tenemos un cóctel molotov lanzado directamente hacia los derechos fundamentales de la ciudadanía.

Los poderes económicos, los mercados y sus aliados políticos han logrado imponer su visión mercantilista. Ahora no prima la política, sino la economía, la especulación y la rentabilidad, cosa que es incompatible con el respeto a la dignidad y los derechos de las personas, sobre todo la búsqueda de rentabilidad en las cuentas de los Estados. De ahí que lancen constantemente el mensaje de que el Estado del Bienestar es muy caro y que es mejor que lo gestionen entes privados.

Este cambio del sistema capitalista ha descolocado totalmente a la socialdemocracia europea y al socialismo español. Hasta ahora, los partidos socialistas o socialdemócratas eran el garante de la estabilidad de los Estados y del respeto por los Derechos Humanos. Los gobiernos socialistas garantizaban que el Estado del Bienestar que ellos habían implementado en sus respectivos países no se iba a destruir frente a las oleadas destructoras de la derecha. No es casual que la calidad del Estado Social siempre baja cuando gobiernan los partidos democratacristianos, liberales, neoliberales, conservadores o neofascistas y que, una vez que pierden el poder, los socialdemócratas tienen que reconstruir lo que se ha destruido en base a intereses económicos e ideológicos.

La crisis actual ha hecho que la ciudadanía despierte y reclame lo que desde los mercados y los partidos conservadores les quieren arrebatar, lo que les corresponde por derecho. La pérdida de calidad en los servicios básicos o la eliminación de algunos en base a recortar el gasto público para que sea rentable han dejado totalmente descolocado y fuera de lugar a los partidos socialistas y socialdemócratas. El hecho de haber ocupado responsabilidades de poder provoca que sean muchas las voces que les culpa de la situación actual. En parte con razón, pero la mayor parte de las acusaciones recibidas son injustas o interesadas por aquellos que se arrogan ser la voz del pueblo sin haber siquiera explicado qué quieren hacer.

La socialdemocracia, tal y como la conocíamos hasta ahora, ha fracasado porque no se ha sabido adaptar a los nuevos tiempos del sistema capitalista. Los intentos de reciclarse han sido fallidos y trajeron más daño que beneficio. Personajes como Toni Blair o Manuel Valls son dañinos para el socialismo. El hecho de haber tenido responsabilidades de gobierno también provoca que las estrategias se vayan acercando más al centro político que hacia la izquierda. Tampoco ayuda mucho que los socialdemócratas alemanes pacten con una de las responsables de la situación actual, sobre todo en el sur de Europa, para formar gobierno.

Ante la situación actual, ante este nuevo capitalismo basado en las ganancias rápidas y la especulación salvaje por encima de todo, el camino que tienen que tomar los actuales partidos socialdemócratas y socialistas es el de la vuelta a los orígenes, la vuelta al socialismo, el retorno a la izquierda que jamás debieron dejar, independientemente de que hayan tenido o no responsabilidades de gobierno. Que el socialismo regrese a sus orígenes no quiere decir que haya que radicalizar el discurso o acercarse a las quimeras y leyendas en las que muchos recién llegados basan su discurso político. Es simple, el socialismo es priorizar por encima de todo las necesidades del pueblo y las propuestas y programas deben ir orientados hacia ello, por mucho que también haya que tener en cuenta las necesidades de los poderosos. Haber tenido ocasión de gobernar —cosa que otros no pueden decir por mucho que se presenten ante los ciudadanos como los poseedores del maná o del secreto de la inmortalidad— hace que los socialistas puedan aplicar el verdadero socialismo sin discriminar a las élites, tal y como plantean los mesías, siendo justos con todos y haciendo entender que la mejor inversión se encuentra en esa justicia social para todos, para «los de abajo» y para «los de arriba», utilizando la verborrea barata de los que quieren aplicar soluciones fracasadas allende los mares.

Si la socialdemocracia ha fracasado y el socialismo es la única solución para terminar con la injusticia y la dictadura económica de los mercados, ¿por qué el PSOE se sigue empeñando en continuar dentro del camino del fracaso? ¿Por qué Pedro Sánchez se empeña en no aplicar un programa verdaderamente socialista? ¿Por qué somos socialistas los fines de semana y firmamos con el PP un pacto absurdo que no hace más que alimentar la falsa sentencia del PPSOE? ¿Tal vez piensa Pedro Sánchez que la única solución para el socialismo español está en la Gran Coalición, tal y como hicieron los socialdemócratas alemanes? Todas estas dudas vienen de que a día de hoy no sé si el Secretario General del PSOE es carne o pescado. No me genera confianza quien dice hoy que con el PP no hay nada que pactar y al día siguiente se presenta en La Moncloa para ser protagonista de una de las fotos más vergonzosas de la historia de la democracia española. No me genera confianza quien para reafirmar su liderazgo da pequeños golpes de estado en las federaciones territoriales de la mano de un secretario de organización que es un claro defensor de la división como medio para afirmar el liderazgo. ¿Qué camino seguirá Pedro Sánchez, el correcto o el fácil? El correcto es reafirmar el mensaje socialista puro, sin metiches socialdemócratas. El fácil es seguir con ese socialismo de «la puntita nada más», ese socialismo de bandazos que nos ha llevado a firmar un acuerdo de gobierno con la nueva derecha neoliberal. Mi olfato me dice que seguirá el segundo y que será la muerte del PSOE.

LA ETERNA CRÍTICA INTERNA DEL PSOE: SOCIALISMO O SOCIALDEMOCRACIA

El Partido Socialista Obrero Español fue fundado en el año 1879 por Pablo Iglesias. Durante más de cien años se definió como una organización de clase obrera, creado para defender a la clase obrera y de corte ideológico socialista-marxista. Fue en el XXVIII Congreso (1979) cuando aceptó la economía de mercado y renunció al marxismo como ideología. Algunos analistas políticos piensan que eso fue un grave error de Felipe González. Sin embargo, en aquel momento histórico tal vez no lo fuera tanto. Aceptar la economía de mercado no implica necesariamente que se deba renunciar a la defensa de la clase trabajadora y a las políticas sociales, tal y como se vio en la primera legislatura de gobierno socialista, legislatura donde se implementó el Estado del Bienestar, donde se hicieron efectivos los derechos y libertades reconocidas en la Constitución Española de 1978. El problema surge cuando uno se olvida de dónde viene para acercarse al lugar donde jamás debe ir. Aún no hemos llegado a este punto, así que nos centraremos en este pequeño repaso del socialismo español.

Siempre ha habido luchas internas en el PSOE, sobre todo luchas ideológicas. Es parte del ADN del partido. Para algunos es una debilidad. Yo pienso que podría ser una fortaleza, ya que la discrepancia ideológica siempre enriquece. Sin embargo, esa visión tan optimista puede ser válida en culturas más «civilizadas». En España es imposible porque cada discusión, cada polémica se toma como un asunto de honor y siempre se termina como en el grabado de Goya, enterrándonos hasta los tobillos y a garrotazo limpio hasta terminar con el oponente. También es parte del ADN hispánico, así que nos encontramos con una situación bastante peliaguda.

No me voy a ir más atrás de la Guerra Civil al hacer un repaso de las discordancias más sonadas dentro del PSOE. Durante la II República fue famosa la división entre los partidarios de Indalecio Prieto y los de Francisco Largo Caballero. Ambos representaban las mismas diferencias que puede haber hoy día. Fue famosa la división surgida tras la decisión de Largo Caballero, junto con Julián Besteiro, de convivir con la dictadura de Primo de Rivera, mientras que Prieto y Fernando de los Ríos se opusieron a ella. También fue importante la lucha que mantuvieron durante la Guerra Civil en los meses en que Largo Caballero fue Presidente de Gobierno. Mientras éste pretendía que había que apoyarse más en la URSS que en las potencias Europeas, Prieto era un defensor de la extensión del conflicto a toda Europa como único medio de acabar con el Golpe de Estado de Franco. Durante este periodo, además, se produjo una escisión en el PSOE que se tradujo en la creación del PCE. Sin embargo, fue una época en que el partido socialista, junto con la Unión General de Trabajadores, se posicionó en todo momento en la lucha obrera para conseguir derechos y libertades, apoyando y convocando huelgas, con independencia de si se tenía representación parlamentaria o no.

Tras la derrota en la Guerra y el exilio los socialistas no fueron menos que los republicanos exiliados: se dividieron aún más. El único partido que se mantuvo unido fue el PCE y, por ello, se erigió como ariete contra la dictadura, tanto en el exterior como en el interior. No analizaremos estas disputas en el exilio y daremos un paso adelante en el tiempo hasta los años finales del franquismo. En los años 70, cuando ya se atisbaba el fin de la vida de Franco y la incertidumbre sobre el futuro político de España era un hecho, con una oposición débil y fragmentada y un Régimen pensando en el franquismo sin el Caudillo. En el campo de la izquierda, la que más sufrió la represión, nos encontrábamos con un mapa casi monopolizado por el Partido Comunista de España, tanto a nivel político como a nivel sindical. El socialismo, salvo en ciertas zonas del país, era prácticamente desconocido para la población. Por otro lado, ésta vivía en una situación de apoliticismo fanático. Los años de la dictadura habían imbuido en los ciudadanos la idea de que era mejor no meterse en política, como consecuencia de la existencia de un solo partido y del miedo que la represión había provocado. Apenas un 1% de los españoles estaba dispuesto a significarse contra el Régimen. Fueron dos ámbitos donde más se pudo apreciar el compromiso pero a niveles muy bajos: la universidad y el mundo del trabajo. En ambos la presencia del Partido Comunista era casi monolítica, tanto a través del PCE como de Comisiones Obreras. Socialistas había pocos, salvo en las zonas donde la UGT tenía peso.

También en estos momentos tan delicados el PSOE estaba dividido. En este caso entre los viejos exiliados, que tenían un total desconocimiento de la realidad de España, y los jóvenes del interior, más cercanos a lo que realmente estaba ocurriendo en los años finales del franquismo. En 1974 había ocurrido algo que había hecho remover las mentalidades de los que vivían la dictadura día a día: la Revolución de los Claveles portuguesa. El final era inminente y había que estar preparados para dar el salto a la primera línea de la política nacional, a pesar de las resistencias que el Régimen pondría y que, de hecho, puso para que la democracia llegara a

España. Por otro lado había que encontrar el espacio dentro de una izquierda que estaba casi monopolizada por el PCE. Estos retos no podían ser encabezados por la vieja guardia de Llopis sino por los jóvenes socialistas del interior. Era necesaria la renovación si se quería sobrevivir y no ser un mero actor secundario a la sombra de los comunistas, como ocurría en Italia, por ejemplo. Todo parecía destinado a que Nicolás Redondo, Secretario General de la UGT, sería el encargado de encabezarla. Sin embargo, éste renunció para centrarse en su labor sindical, dado que el mundo del trabajo también vivía una época convulsa con la lucha entre unos sindicatos cada vez menos clandestinos y el Sindicato Vertical, lucha que se estaba decantando claramente en favor de los primeros (CCOO, USO y UGT). Ante la renuncia de Redondo a la Secretaría General, se eligió a Felipe González (Isidoro) como Secretario General con el apoyo casi unánime de las federaciones del interior, salvo Madrid, y de figuras históricas como Ramón Rubial y Eduardo López Albizu. El discurso de González fue un mensaje lleno de ideología y de socialismo. Éste era al único modo de tener un espacio preponderante en la España del futuro. Ser socialistas y defender el socialismo ante otras fuerzas de la izquierda.

Tras la muerte de Franco comenzaron los contactos con los partidos de la oposición al franquismo por parte de los representantes del poder que querían atravesar el Rubicón hacia la democracia, empezando por el mismo Rey que envió a Nicolás Franco Pascual de Pobil incluso antes de la muerte del dictador para entrevistarse con los principales líderes de las formaciones que se oponían al franquismo en la clandestinidad, desde los demócrata-cristianos hasta los comunistas. Hubo algo que sorprendió al sobrino del dictador y fue que las peticiones más agresivas eran las del PSOE, incluso por encima de las de Carrillo. Es decir, que en los tiempos de Suresnes el Partido Socialista tenía una idea de España basada en el socialismo.

Una vez que se produjo la muerte del dictador, el nuevo gobierno de Arias Navarro, no por la voluntad del presidente pero sí la de la mayoría de sus ministros, comenzó a hablar con la oposición para presentar el primer proyecto de Ley de Reforma Política, una ley que se quedaba corta en todo, principalmente porque fue Fraga quien la redactó. El entonces Ministro de la Gobernación se reunió con casi todos, dejando fuera al PCE. Según el propio Fraga no era el momento. Sin embargo, había un interés en los reformistas de ese gobierno en que fuera el PSOE y no los comunistas quien tuviera la preponderancia de la izquierda española. De ahí los contactos constantes con Felipe González.

Arias Navarro dimitió en el mes de julio de 1976 y el Rey nombró Presidente de Gobierno a Adolfo Suárez. Fue un chasco para la oposición y para la sociedad española ya que se trataba de un hombre que venía del Movimiento, que había sido Ministro del Movimiento y había ocupado cargos en la dictadura, como Gobernador Civil o Director de Radio Televisión Española. Sin embargo, Suárez resultó ser lo contrario a lo que se temían los demócratas porque resultó ser un demócrata. Junto a Torcuato Fernández

Miranda sacaron adelante la Ley de Reforma Política en las Cortes franquistas y convocaron el Referéndum. Casi paralelamente se produjo un hecho que no estaba previsto: la unión de todas las fuerzas de oposición en la Plataforma de Organismos Democráticos en primera instancia y, posteriormente, en Convergencia Democrática con la unión a la primera de los partidos nacionalistas. Sin embargo, a pesar de la unión de toda la oposición en una sola entidad, el Gobierno estaba muy interesado en que la izquierda estuviera liderada por el PSOE y no por el PCE. Hubo encuentros secretos entre González y Suárez, al igual que los hubo con Fraga y unos días antes del Referéndum se autorizó que el Partido Socialista celebrara un Congreso en Madrid, el primero en territorio español desde la Guerra Civil. Este punto es importante, porque los partidos políticos aún no habían sido legalizados. Felipe González afirma que el XXVII Congreso fue el contrapunto al Referéndum para la aprobación de la Ley de Reforma Política de Suárez.

El PSOE en 1976 volvió a demostrar que había luchas internas entre quienes defendían el mensaje socialista frente a la socialdemocracia que abanderaban desde una parte importante de la Ejecutiva, un modo de entender el socialismo más cercano al SPD (Willy Brandt) alemán o al SAP (Olof Palme) sueco. Por otro lado se encontraban quienes defendían que el futuro del socialismo en España pasaba por ser más socialistas que socialdemócratas. En las propias resoluciones se vieron esas diferencias. Un ejemplo: el Congreso aprobó el carácter marxista del PSOE y su condición de «partido de clase, marxista y democrático». Sin embargo, Felipe González, el Secretario General, se opuso a ello ya que él defendía precisamente que el Partido Socialista Obrero Español se convirtiera en un partido de corte socialdemócrata al estilo de los alemanes.

La Ley de Reforma Política fue refrendada por los españoles en el Referéndum de diciembre de 1976, se legalizaron los partidos políticos, incluido el PCE, y comenzó la carrera hacia las primeras

Elecciones Generales desde el año 1936. La ciudadanía estaba muy interesada en la política. Se inscribieron centenares de partido de todas las tendencias, desde los que representaban las esencias del Régimen hasta la extrema izquierda. En España sólo se hablaba de política mientras, paralelamente, el Gobierno de Suárez negociaba punto por punto las condiciones puestas por la Comisión de los 10 para transformar la realidad política del país. Los ciudadanos estaban informados al día de lo que iba ocurriendo. A diferencia de otras transiciones en otros lugares del mundo, como lo ocurrido en las antiguas repúblicas soviéticas, los españoles conocían a todos y cada uno de quienes podrían ser protagonistas del futuro, de la futura democracia.

En junio de 1977 se celebraron las primeras Elecciones Generales desde febrero de 1936. La ilusión era grandísima. El pueblo volvía a tener la palabra desde hacía más de cuarenta años y eso se notaba en la calle. Las colas en los colegios electorales eran inmensas. Ocurrió lo que tenía que pasar y los españoles se decidieron por el cambio templado dando su confianza al partido de Adolfo Suárez. Sin embargo, los pronósticos de que el PCE, el partido que había monopolizado la lucha contra el franquismo, quedó relegado por el Partido Socialista Obrero Español de Felipe González, que se convertía en la primera fuerza de la oposición. Decididamente, los españoles apostaban por la transformación en vez de la ruptura. Los españoles querían un cambio en paz.

Se inició de este modo la legislatura constituyente. Era necesaria la redacción de una Constitución democrática que eliminara cualquier resto del franquismo. El PSOE mantenía una posición de izquierda, con propuestas de izquierda y este hecho provocaba que los españoles progresistas volvieran sus ojos hacia los socialistas. La Constitución se aprobó en 1978 y fueron convocadas Elecciones Generales para el año siguiente, donde los resultados para el partido de Felipe González fueron mejores que dos años antes.

La autodestrucción de UCD, la subida de la Alianza Popular de Manuel Fraga y la situación de desprestigio del propio Adolfo Suárez provocaba que la política española fuera girando hacia el progresismo real que proponían los socialistas. Sin embargo, la democracia en España estaba en peligro porque había ruido en los cuarteles. La actividad terrorista de ETA y GRAPO era cruenta. Los asesinatos a miembros de las Fuerzas de Seguridad del Estado y del Ejército, sobre todo, generaban en los cuarteles una sensación de que el Gobierno estaba siendo demasiado condescendiente con los terroristas. Parecía que España iba a dar un paso atrás, que los militares iban a volver a tomar el mando. Muchas operaciones sobrevolaban Madrid. Había que hacer algo para mantener el sistema. Ante el ruido de sables lo que más sonaba era la creación de un gobierno de concentración al mando de un militar. Todo eran rumores. Todo eran conspiraciones. Todo el mundo sabía todo pero nadie sabía nada.

Suárez presentó su dimisión ante la situación del país y en la última sesión del Debate de Investidura de Calvo Sotelo se produjo la entrada del Teniente Coronel Antonio Tejero Molina y el intento de golpe de Estado. No entraremos a valorar ahora las razones ni quién estaba detrás de este movimiento. Sin embargo, lo que ocurrió fue que la democracia española se reforzó gracias a la actitud irresponsable de quienes quisieron destruirla por la fuerza.

Calvo Sotelo fue investido Presidente de Gobierno, cargo que ejerció hasta las elecciones generales de octubre de 1982. En estos comicios el PSOE se presentó bajo el lema «Por el Cambio» con un programa de izquierdas. En ese programa el Partido Socialista presentaba medidas como las que se enumeran a continuación:

- Reducción de la edad de jubilación a los 60 años,
- Realizar controles a la banca y nacionalizar aquellas que tuvieran problemas financieros,

- Realizar consultas populares respecto a los tratados internacionales,
- Subir los impuestos a las rentas altas,
- Crear un plan estatal contra el fraude y la evasión fiscal
- Prestaciones a las personas en riesgo de exclusión
- Reformas de los sistemas de Educación y Sanidad

El PSOE ganó las elecciones con mayoría absoluta gracias a un verdadero programa electoral de izquierdas. En esa primera legislatura se cimentó el Estado del Bienestar en España, lo que hizo que los ciudadanos confiaran en el proyecto socialista durante catorce años.

Sin embargo, el poder hace que las convicciones iniciales, que los proyectos progresistas se vayan diluyendo en favor de las élites. Poco a poco el socialismo pasó a socialdemocracia y los resultados electorales fueron demostrando el abandono de la confianza de los españoles en el PSOE. A medida que se iban abandonando las raíces socialistas en favor de la socialdemocracia el apoyo ciudadano y la ilusión de 1982 se fueron disolviendo. El giro hacia políticas de centro izquierda y, en ciertos momentos, hacia el centro derecha, provocó que los votantes socialistas se fueran hacia otras opciones con un mensaje que se acercaba más a lo que se esperaba de un partido cuyas siglas incluyen la palabra «socialista». ¿Se hace incompatible ser socialista, alcanzar el poder y mantener el espíritu de partido de clase obrera? En diferentes países europeos, incluida España, parece que llegar al poder resetea el espíritu socialista llevando a los partidos a tomar decisiones que no tienen nada que ver con lo que los ciudadanos esperan de quienes se consideran defensores de la clase obrera. Ocurre en todos y cada uno de los países donde los socialistas o los socialdemócratas tuvieron responsabilidades de poder. Entonces, ¿es incompatible estar en el poder y mantener el socialismo?

El mapa político actual en los países desarrollados no está marcado por las ideologías, sino por el modo en el que aplican los dirigentes modelos económicos y la función de la economía respecto a las clases sociales. En principio, el modelo socialista está basado en la generación de riqueza desde abajo, basando la prosperidad en la escalada de ésta desde las clases más bajas hacia las más altas. La bonanza de las clases bajas o medias es sinónimo de crecimiento de las élites. Sin embargo, el sistema actual está basado en lo contrario, en el favorecimiento de las clases altas dejando las sobras para los demás, por lo que se generan grandes desigualdades sobre todo si el marco general está marcado por una crisis generada precisamente por el ansia de los más favorecidos. Si a esto unimos el cambio que se viene produciendo de la forma de entender el sistema capitalista, que ha pasado de la producción a la especulación, podemos comprobar que la ideología socialista tiene que luchar contra una corriente global.

El constante castigo de los ciudadanos a los diferentes partidos socialistas es consecuencia del abandono de las raíces ideológicas primigenias en favor de la corriente economicista dominante. Lo vemos en Francia con Hollande y Valls que han traicionado a quienes depositaron sus esperanzas en los socialistas ante el ataque neoliberal de la derecha de Sarkozy y sus políticas de austeridad a ultranza. En Alemania ocurrió algo parecido con Gerhard Schröeder. En Grecia el PASOK es casi una fuerza política marginal. En España tuvimos el caso de José Luis Rodríguez Zapatero. En Portugal lo vimos con Jorge Sampaio. Por no hablar de Toni Blair y su tercera vía, que tanto daño ha hecho a los socialistas. ¿Por qué los ciudadanos se alejan del partido que debería ser el garante de sus derechos y el defensor frente a los abusos de la derecha, tanto política como económica? La respuesta es sencilla y dolorosa para quienes nos sentimos socialistas: la aplicación de medidas propias de los conservadores o de los neoliberales en vez de un verdadero programa progresista, medidas que perfectamente podrían haber aplicado Mariano Rajoy, Angela Merkel o Nicolas Sarkozy. Este hecho es una traición hacia los ciudadanos y éstos reaccionan dando la espalda a los partidos socialistas.

¿Por qué se produce esta traición al socialismo? ¿Quién es culpable de estos cambios de mentalidad cuando se alcanza el poder? ¿Es incompatible que un modelo socialista pueda ser aplicado desde el poder con un resultado positivo para el país? Son cuestiones que me vienen a la cabeza y que requieren una reflexión. Es evidente que con el cambio de modelo capitalista el socialismo va a ser torpedeado desde los poderes económicos. La derecha neoliberal no quiere que los ciudadanos conozcan que el modelo socialista es el camino más justo. A la derecha política se une la economía neoliberal basada en los mercados, en la especulación, en la búsqueda del dinero fácil y rápido. Los poderes económicos torpedean cualquier atisbo de aplicación de un modelo diferente. Este hecho es muy peligroso ya que denota la total dependencia de la soberanía popular sobre la que se basa cualquier régimen democrático en las élites económicas y en los mercados. Éstos no permiten que se vea otro camino, que no se descubra que su único interés es que sus políticas se impongan por encima de los intereses generales de los ciudadanos y esto sólo lo pueden lograr con gobiernos de la derecha que son permeables a sus tejemanejes por motivos ideológicos o con gobiernos socialistas traidores a su propia ideología.

El socialismo es precisamente el camino hacia el buen gobierno porque, teóricamente, busca el bien común por encima de los intereses de las élites, ya sean económicas, ya sean religiosas, ya sean empresariales. La ideología socialista no debe ser incompatible con el buen gobierno, sin embargo, los ciudadanos no perciben que sea así. ¿Por qué? Se ha dicho anteriormente. El ciudadano ve que es traicionada su confianza cuando deposita su voto y se encuentra con que los partidos socialistas terminan adoptando medidas propias de la derecha. Es posible que la globalización tenga algo que ver con esta mimetización en los modos de gobierno. Es posible que los mercados hayan logrado imponerse a los regímenes democráticos. Lo que sí que está claro es que no es de recibo que un dirigente socialista adopte medidas neoliberales. Ahí está el «dar la espalda» a los votantes que afirmó Martin Schulz durante la campaña de las elecciones al Parlamento Europeo de 2014. Ese ha sido el gran error, tal vez provocado por la identificación de los socialistas en las ideas socialdemócratas provocada por la presión de los mercados.

El socialismo es la única forma de gobierno que garantiza la pervivencia del Estado del Bienestar y por ello no es incompatible con el ejercicio responsable del poder. Lo que no se puede hacer es dar la espalda a quienes confían en los postulados de la izquierda y, una vez en el poder, dar un giro hacia políticas neoliberales por responsabilidad o espíritu de Estado. Esta excusa no es válida. El socialismo debe defender ante quien haga falta la lucha contra la desigualdad, los derechos de todos, el pan, el trabajo digno, el techo, porque la defensa de estos aspectos tan propios de una democracia es el garante de la prosperidad económica. El modelo neoliberal es un modelo fracasado para los ciudadanos, no para las élites. Por eso el socialismo es el único sistema que garantiza la prosperidad sin tener que generar desigualdad, pobreza y dolor en el pueblo soberano.

Ese socialismo fue aplicado por Felipe González en su primera legislatura y parte de la segunda. Se implementó el Estado del Bienestar. Se universalizaron la Educación y la Sanidad, por ejemplo. No obstante, a medida que iban aumentando los años de poder, a medida que Felipe González se iba convirtiendo en una figura política internacional, el socialismo iba dejando paso a la socialdemocracia y ésta, a su vez, a la toma de decisiones más propias de un partido liberal o conservador. Si a esto le unimos los casos de corrupción que salieron a la luz y una oposición irresponsable por parte del Partido Popular y de un aliado inesperado en el comunista Julio Anguita, dio como resultado la pérdida del gobierno en favor de los conservadores.

En esos años de gobierno de Felipe González también hubo pugna ideológica a medida que se iban perdiendo las esencias socialistas. Fueron los años de los «felipistas» y de los «guerristas». La misma historia de siempre, la misma división. Sin embargo, la presencia de Felipe en el gobierno frenaba mucha tensión. Tal vez si no hubiera sido también Secretario General la deriva hacia el centro no se hubiera producido.

El PSOE había perdido el poder y el hecho de estar estructurado como un partido de gobierno hizo que se olvidaran aún más las esencias en los años de oposición. Las elecciones del 2000 fueron un desastre y a ello no ayudó el hecho de que se echara para atrás la decisión de que el candidato a las generales no fuera el Secretario General. Fue una nueva oportunidad desaprovechada. El problema del PSOE tras tantos años en el poder es la confusión de conceptos como responsabilidad de Estado y las necesidades reales de los ciudadanos. Un Secretario General con responsabilidades de gobierno siempre verá como prioridad la acción gubernamental y si a eso le sumamos la sumisión de los grupos parlamentarios a las decisiones de la dirección hace que los ciudadanos vean a un partido socialista que les traiciona. Esa percepción se nota en los resultados electorales, tal y como podemos comprobar en los siguientes datos y gráficos.

Año	Escaños	Votos	Porcentaje Votos
1977	118	5.371.866	29,32%
1979	121	5.469.813	30,40%
1982	202	10.127.392	48,11%
1986	184	8.901.718	44,06%
1989	175	8.115.568	39,60%
1993	159	9.150.083	38,78%
1996	141	9.425.678	37,63%
2000	125	7.918.752	34,16%
2004	164	11.026.163	42,59%
2008	169	11.289.335	43,87%
2011	110	7.003.511	28,76%

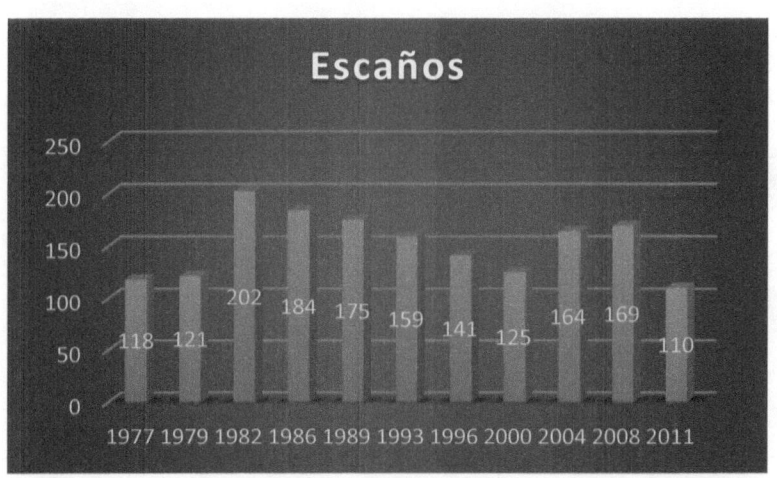

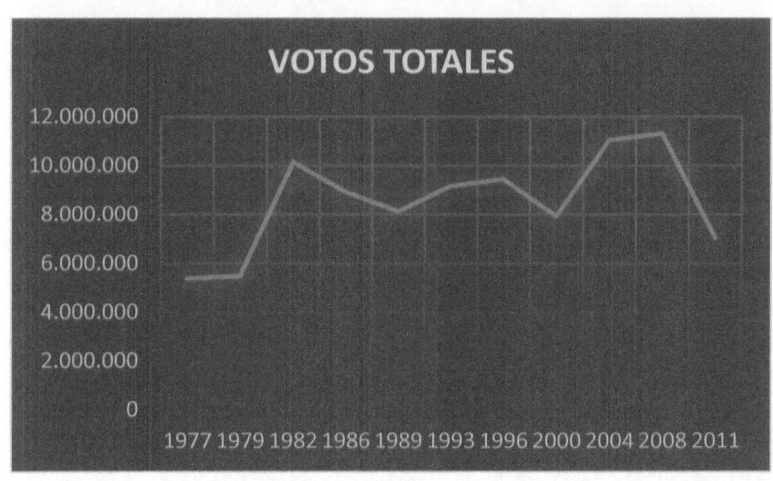

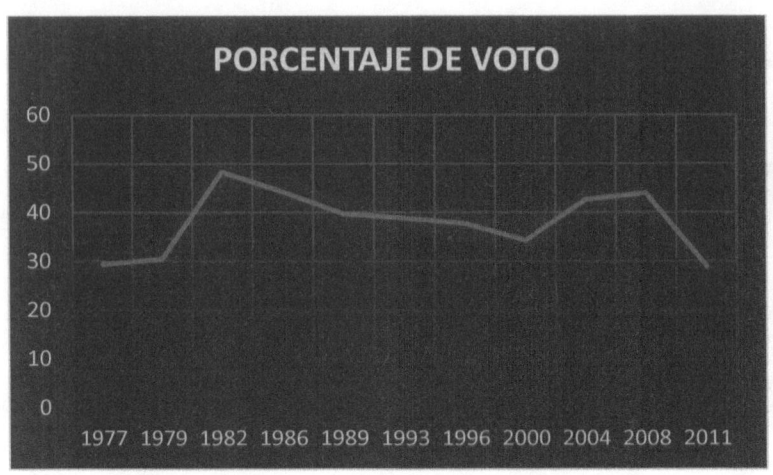

Estos datos y sus correspondientes gráficas demuestran que los ciudadanos van abandonando al Partido Socialista en la misma proporción en que éste deja de lado los principios sobre los que se debe regir la actividad de una organización que se autodenomina como de clase obrera y de defensa de los intereses de ésta. Vemos la ascensión en los años de la Transición hasta llegar al culmen en el año 1982 cuando se presentó un programa de medidas puramente socialistas. A medida que fueron pasando los años de gobierno el porcentaje de voto baja casi en la misma proporción en que se legisla alejándose del ideario socialista, lo mismo que el número de escaños en el Parlamento. Este es uno de los males de los socialistas. Una vez que se ve el mundo desde arriba se va perdiendo la conexión con los problemas reales de los ciudadanos. Es como en la película El Club de los Poetas Muertos cuando el profesor Keating hace a los alumnos a subirse a la mesa y les dice que «el mundo se ve otra forma desde arriba, ¿verdad?». Pablo Manuel Iglesias copió esta dinámica de grupo en sus clases para hacerles ver lo mismo desde un punto de vista político. Eso le pasó al PSOE. Abandonó el socialismo para pasar a la socialdemocracia y, finalmente, convertirse en un partido más de centro que de izquierda y en España las medidas que se toman desde el centro suelen escorarse hacia la derecha. Si a eso le unimos una oposición ineficaz durante los años del gobierno de Aznar, por mucha mayoría que tuvieran los conservadores, hizo que se tuviera un resultado desastroso en el año 2000. A eso había que unir la actitud irresponsable de IU mientras Julio Anguita estuvo al frente de la coalición comunista. Parecía que el enemigo era el PSOE y no el PP.

La llegada de Rodríguez Zapatero y la aplicación de un modo de gobierno autoritario gracias a la mayoría absoluta en la segunda legislatura de Aznar junto a decisiones como la entrada en la guerra de Irak en contra de toda la opinión pública y la manipulación de información tras los atentados del 11M hizo que los socialistas recuperaran el gobierno después de 8 años. La primera legislatura estuvo marcada por el retorno de la aprobación de leyes de marcado carácter social que daban a entender que los socialistas habían vuelto a sus orígenes, a los momentos en que el PSOE aún no tenía ramalazos socialdemócratas ni se consideraba un partido de centro y universalizó la educación, la sanidad y creó un sistema de pensiones justo, por citar algunos ejemplos.

Esta legislatura tuvo el premio de que los españoles aumentaran su confianza en el proyecto socialista y aumentara tanto el porcentaje de voto como el número de escaños respecto a 2004. No obstante, esta legislatura fue la de la explosión de la crisis, la de la ejecución de la estrategia implementada por el

Partido Popular para poder aplicar sus reformas neoliberales y quedar ante los españoles como los salvadores de la patria, un título que a los conservadores españoles les gusta más que el azúcar a las moscas. El gobierno de Rodríguez Zapatero se encontró con que el modelo productivo en el que se había basado el mercado laboral se había derrumbado. Este hecho generó una destrucción de empleo que se tradujo en un aumento de gasto del Estado por las prestaciones de desempleo y una reducción drástica de la recaudación. Este hecho disparó el déficit, déficit que aumentaba además por las Comunidades Autónomas gobernadas por el Partido Popular, como era el caso de la Comunidad Valenciana de Camps. Aquí se produjo un nuevo error por parte del gobierno que en vez de buscar soluciones provocó más problemas. Se tomaron decisiones más propias de un Ejecutivo de derechas que las que debiera haber tomado si se hubiera afrontado el problema desde una visión socialista.

La ciudadanía explotó y surgió el Movimiento 15M a pocos días de las elecciones Municipales y Autonómicas de 2011. El descontento y la indignación ante la paralización del gobierno y la falta de soluciones a los problemas reales del pueblo hicieron que en las Generales los socialistas y las gentes progresistas de España abandonaran al PSOE y le dieron el gobierno al Partido Popular, quien se presentó a los comicios con un programa falso, un programa lleno de promesas que sabían que no iban a cumplir, promesas que se correspondían exactamente con lo que el pueblo quería oír. El PSOE tuvo los peores resultados de su historia.

Este pequeño repaso al papel jugado por el PSOE durante la democracia, con sus constantes luchas internas, con sus bandazos ideológicos deja una conclusión clara: en cuanto se abandona el camino marcado por el socialismo los españoles dejan de confiar en el Partido Socialista.

Tras el fracaso de 2011 se buscaron maneras para que los ciudadanos volvieran a confiar en el proyecto socialista. No se consiguió porque, a pesar de que el Partido Popular estaba gobernando para los intereses de las élites y provocando con sus leyes situaciones más propias de la posguerra como el hambre, los desahucios, la pobreza, las colas ante los comedores sociales o el aumento del desempleo, además de imponer un estado policial con una represión contra aquellos que se atrevían a salir a la calle a protestar más propia del franquismo que de un país democrático, el PSOE seguía anclado en una posición más propia de un partido de centro-derecha que la de izquierda que esperan los ciudadanos y la que marcan sus Estatutos, donde se expone de forma muy clara que el PSOE es un partido que defiende los intereses de la clase obrera.

El gran error fue seguir con las líneas de acción de un partido que continuaba viendo la realidad desde encima de la mesa de Keating bajo el eufemismo del espíritu de responsabilidad de Estado. Esto se produjo porque no hubo una renovación tras el fracaso electoral. El PSOE debió reiniciarse al día siguiente del fracaso. No obstante, mantuvo al frente a Alfredo Pérez Rubalcaba, un hombre de Estado, un hombre que por su talante democrático no estaba capacitado para liderar una labor de oposición frontal. Los ciudadanos percibían esa pasividad y esa falta de énfasis frente al ataque que el PP estaba perpetrando al propio espíritu democrático y a la ciudadanía. Eso se tradujo en un mayor abandono ciudadano que se visualizó en las elecciones al Parlamento Europeo de 2014.

Fue entonces cuando se decidió que había que darle un nuevo rumbo al partido con la convocatoria de elecciones primarias a la Secretaría General del PSOE. A partir de ese momento el partido ha tomado un rumbo peligroso de imposición de un régimen personalista, es decir, lo contrario a la esencia del socialismo.

PRIMARIAS

La dimisión de Alfredo Pérez Rubalcaba dejaba un vacío de poder en el PSOE. Era necesaria la convocatoria de un Congreso Extraordinario donde se proclamara a un nuevo Secretario General y a una nueva Ejecutiva Federal que sería la encargada de liderar al partido hasta la convocatoria de las primarias abiertas que se recogen en los Estatutos como el medio para la elección del candidato a la Presidencia del Gobierno para las Elecciones Generales del año 2015.

Por otro lado, esa Ejecutiva tendría la difícil labor de reconducir el paso de una nave fuera de rumbo y de crear un proyecto que volviera a enganchar a la ciudadanía, que recuperara a todos aquellos que habían abandonado al partido socialista para recalar en otras opciones de izquierda o en el limbo de la abstención.

Como siempre ocurre en el PSOE la decisión del modo en que debía elegirse al nuevo Secretario General provocó una lucha interna entre quienes no querían modificar los modos de actuar, los que querían dar voz y voto a todos y cada uno de los militantes y los que querían abrir las puertas del partido a toda la ciudadanía, fueran o no militantes. Rubalcaba se encontraba en una situación difícil.

Por un lado se hallaban aquellos que ya habían abandonado de manera oficial la primera línea de la política, tanto a nivel de cargos públicos como a nivel de cargos dentro del partido. Sin embargo, estos personajes históricos aún tienen mucho peso dentro del partido. Siguen estando ahí sin estar. Se mantienen en la sombra pero su influencia es poderosa. La gran mayoría de estos personajes no quieren ni oír hablar de que se dé voz a la militancia a la hora de elegir a los cargos orgánicos. Siguen estancados en la convocatoria de Congresos cerrados donde cada agrupación o cada federación delegan su voto en una serie de personas que son las que tienen el derecho de sufragio. Ese era el modo en que se habían hecho las cosas y, como representantes de la vieja política, lo defendían. Seguían pensando que la militancia vivía en una constante minoría de edad y, por tanto, no se les podía dar la oportunidad de ser quienes eligieran a sus cargos. El problema de los delegados es que la decisión de la agrupación o de la federación no era vinculante y su voto podía cambiar en el Congreso, provocándose, de este modo, una traición a la voluntad de la militancia.

Por otro lado, estaban los que reclamaban a Alfredo que se convocara un proceso de primarias cerradas a la militancia, una convocatoria electoral con las mismas garantías que en unas elecciones: cada militante podría hacer uso de su derecho de sufragio, libre y secreto, con el control de interventores de cada una de las candidaturas en los recuentos y, sobre todo, respetando la decisión de la militancia. Es decir, que el resultado de las primarias fuera vinculante. Esta era la opción más lógica, sobre todo en un partido que está perdiendo cada día que pasa el apoyo de los ciudadanos. Es la opción más lógica porque las decisiones internas de una organización las deben tomar quienes militan en ella. Nos encontramos en un momento en que el pueblo pide estar más presente en las decisiones de la política, que quiere participar más en esa toma de decisiones. Ya no hay un pueblo que vota cada cuatro años. La ciudadanía pide tener más peso. ¿Qué mejor modo de demostrarles que el PSOE apoya ese tipo de democracia más participativa que siendo el primero en dar ejemplo?

En tercer lugar, estaban aquellos que reclamaban abrir las puertas del partido a toda la ciudadanía con la convocatoria de primarias abiertas. Una cosa es la elección del candidato a la Presidencia del Gobierno y otra muy diferente lo que se estaba tratando en julio de 2014. No era el momento para dar ese paso.

Finalmente, tras un duro debate interno se tomó el camino de la lógica y se eligió como fórmula de elección del nuevo Secretario General la segunda opción. Los militantes tendrían voz y voto por primera vez en la historia. Fue un paso importante, fue dar una imagen de renovación no sólo a la militancia, sino también a los ciudadanos. También era una manera de gritar que el PSOE no había muerto, que seguía ahí y que se adaptaba a los nuevos tiempos de la política dando la responsabilidad de la elección de quien había de dirigir el destino del partido a la base, a quienes tienen el compromiso adquirido más allá de pagar una cuota todos los meses o de tener un carnet con una frase de Pablo Iglesias. Ante un desastre electoral como el sufrido en las Elecciones Europeas había que dar un paso al frente, había que renovar la organización de arriba abajo y el primer paso era dar voz a quienes la llevaban reclamando desde hacía años. Sin embargo, ¿ese proceso de democracia interna atraería la atención de ciudadanos expuestos a la nueva demagogia de los partidos nacidos al albor de la crisis? Sólo era un primer paso que convertía en hecho lo dispuesto en la Conferencia Política de noviembre de 2013 en aras de la renovación.

Tras la recogida de avales quedaron tres candidatos: Eduardo Madina, José Antonio Fernández Tapias y Pedro Sánchez. Cada uno con unas propuestas diferentes, cada uno con su particular modo de entender el cambio que necesitaba el PSOE. Sin embargo, alguien partía con ventaja. Desde antes de las Elecciones Europeas, durante las mismas, uno de los candidatos se había estado pateando las agrupaciones de toda España para presentar su proyecto, para conseguir el aval de muchos militantes antes de que se produjera la dimisión de Rubalcaba. Las obligaciones institucionales y laborales de Madina y Tapias les impedían hacer ese despliegue. Además, muchos de los que estaban sin estar, mucho de esos jarrones chinos que jalonan las estanterías del partido apoyaban a ese candidato y no dudaban en mencionarlo a la menor oportunidad que tenían en los medios de comunicación. Pedro Sánchez ya partía con ventaja y eso se vio en el número de avales. Además, contó con el apoyo de federaciones tan fuertes como la andaluza.

Dentro de este proceso de democracia interna inédito en España se produjo un debate entre los tres candidatos en la sede de la calle Ferraz de Madrid. Ahí se expusieron los proyectos de los tres, ahí debatieron, confrontaron propuestas. Muchas de ellas eran coincidentes, otras tenían diferencias de matiz, otras eran totalmente contrarias. Pero fue un debate limpio donde la política se impuso al populismo o al discurso fácil. Destacó, por ejemplo, la promesa de Tapias de que si era elegido Secretario General no se presentaría como candidato a la Moncloa. Destacaron las propuestas sensatas y con conocimiento de eficiencia dentro del entramado del poder de Madina. Sin embargo, las propuestas de Pedro Sánchez no iban orientadas hacia el partido sino hacia una posible llegada del PSOE al poder. No presentó medidas de regeneración interna sino que presentó un conjunto de medidas de política nacional más propias de un programa electoral. En más de una ocasión Madina y Tapias le tuvieron que recordar que estaban allí para debatir de temas a nivel interno y no de eliminar la reforma laboral o algunas medidas del PP. Y, sobre todo, sorprendió la utilización de la primera persona del singular. El «YO» fue muy repetido en sus intervenciones, lo que ya denotaba la orientación personalista que tomaría el PSOE si Sánchez ganaba esas primarias.

Llegó el día de las votaciones, llegó el día en que la militancia por primera vez en casi 160 años de historia podía elegir a su Secretario General. El resultado fue contundente:

- Pedro Sánchez: 62.490 votos
- Eduardo Madina: 46.439 votos
- José Antonio Pérez Tapias: 19.384 votos

Una diferencia de más de 16.000 votos, cimentada sobre todo en la federación andaluza, de quien recibió un apoyo casi incondicional.

Los resultados de estas primarias fueron ratificados en el Congreso Extraordinario celebrado en el mes de julio. Ahí comenzó a forjarse un modo de hacer política que es impropia de un partido como el PSOE, un modelo basado en el personalismo y en el ego de su Secretario General.

LOS PRIMEROS MESES:
UN HILO DE ESPERANZA

Pedro Sánchez tomó las riendas de un partido cuya credibilidad estaba en mínimos. Nadie se fiaba del PSOE. El daño causado a los ciudadanos durante los últimos años del gobierno de Zapatero no se olvida de un día para otro. El daño causado al partido por la falta de contundencia en la labor de oposición de Rubalcaba. La incoherencia con el espíritu del partido en temas tan importantes como el modelo de Jefatura del Estado con dirigentes y diputados intentando excusar lo inexcusable, excusar que se esté siempre a favor de la Monarquía por «respeto institucional a pesar de que el PSOE es un partido con alma republicana». Su principal misión era acercar el partido a los ciudadanos, abrir las ventanas para ventilar el enviciamiento que se había creado con tantos errores de bulto, con tantas traiciones al socialismo y al pueblo. Pedro Sánchez se encontró con la difícil misión de que los ciudadanos volvieran a creer a quien ellos pensaban que les había mentido.

Comenzó su mandato con fuerza, tomando medidas rápidas. Eligió una Ejecutiva con gente que no tenía pasado de gobierno, que no tenía ninguna rémora de los errores cometidos, salvo el caso de Carme Chacón. Gente con experiencia en las instituciones pero sin el mayor lastre que tiene el PSOE respecto a la credibilidad de los ciudadanos. Este hecho es importante, ya que una Ejecutiva formada por gente con un pasado de gobierno a cuestas supondría que el cambio interno prometido no se hacía efectivo. Esa Ejecutiva era la encargada de llevar a cabo las profundas reformas internas que el partido necesitaba.

Había que acercarse a los ciudadanos, había que hacer que el pueblo volviera a creer en el pueblo y para eso era necesaria la creación de ámbitos de acción donde los dirigentes estuvieran con la gente, hablaran con ellos, escucharan sus demandas y lo que esperaban de los socialistas. Para ello se creó la figura de las «Asambleas Abiertas». Había que recuperar la calle, había que exponer a los ciudadanos y rendir cuentas con ellos. Hubo quien dijo que se copiaba el modelo del 15M. Tal vez fuera así, pero lo que quedaba claro es que había que ir hacia un sistema por el que el partido se acercara a quienes estaban sufriendo las medidas del PP y, en parte, de los dos últimos años de gobierno de Rodríguez Zapatero. Tal vez se copiara el modelo del 15M, de Podemos o de IU, pero lo que el pueblo pide a los políticos en este nuevo tiempo es la cercanía a sus demandas y sus necesidades y no llevar al Parlamento propuestas alejadas de la realidad.

La idea de estas Asambleas Abiertas era eliminar cualquier filtro, que cualquier ciudadano pudiera participar y exponer sus propuestas, sus problemas, sus necesidades o sus críticas sin cortapisa alguna al dirigente correspondiente, dirigente que podía ser el alcalde, un concejal, un presidente de Comunidad Autónoma, un diputado, un senador o el mismo Pedro Sánchez. Sobre todo era una iniciativa interesante porque cualquiera podía debatir con cualquiera, podía plantear sus problemas a quienes con los parámetros de la política que hay que cambiar sólo podían ver en la televisión, en fotos en la prensa o escuchar por la radio. Todo el mundo podía hablar, fuera o no fuera militante del partido. Todos. Por eso esta iniciativa podía tener eficacia porque abría el PSOE a todos los que se quisieran acercar a alguna de estas Asambleas.

Los estudios demoscópicos demostraron que se iba por el buen camino porque el PSOE se recuperaba en las encuestas y Pedro Sánchez aparecía con una buena valoración, teniendo en cuenta el desapego ciudadano hacia la clase política. Parecía que se despegaba.

Otro punto que hacía que muchos socialistas recuperaran la esperanza en este nuevo tiempo bajo la Secretaría General de Pedro Sánchez era el planteamiento constante de propuestas constructivas y no basadas en la utopía que venía de algunos de los nuevos partidos, propuestas que sonaban muy bien porque eran muy innovadoras como, por ejemplo, la renta básica a cualquier ciudadano sólo por el hecho de ser ciudadano, pero que en la práctica eran irrealizables. Pedro Sánchez apostó por lo contrario, por ir presentando paquetes de medidas que respetaban los principios socialistas.

Nos encontrábamos en pleno mes de septiembre de 2014, con el desafío soberanista catalán en su apogeo y la lucha de dos concepciones de la división territorial de España enfrentadas. Por un lado la del Gobierno del PP basada en la inmovilidad respecto al modelo actual y por otro lado la de la Generalitat que apostaba, y sigue apostando, por una Cataluña independiente del Estado español. En el debate había una tercera vía que defendían los socialistas catalanes: la del Estado federal, la de dar el siguiente paso respecto al modelo autonómico. Pedro Sánchez presentó un proyecto de una España federal con un régimen especial para Cataluña, porque España necesita de los catalanes y éstos de los españoles. El PSOE se oponía al proceso independentista pero ponía encima de la mesa una alternativa, cosa que el PP o Ciudadanos, los máximos oponentes del proyecto de Artur Mas no hacían. La fuerza con la que defendió dicho modelo hizo que muchos socialistas comenzaran a verle como un líder en el que se podía depositar la confianza para futuros proyectos.

Tras el desastre en las elecciones europeas y la victoria de los conservadores no sólo en España, sino en Europa, los eurodiputados debían elegir al Presidente de la Comisión. Había dos candidatos, el conservador luxemburgués Jean Claude Junker y el socialdemócrata alemán Martin Schultz. Tras duras negociaciones el grupo socialdemócrata daría su apoyo al conservador. Sin embargo, Pedro Sánchez y su Ejecutiva dieron orden a los eurodiputados socialistas que votaran NO al candidato del Partido Popular Europeo, desmarcándose de la estrategia de los socialdemócratas. No se podía criticar en España las medidas tomadas por el Gobierno de Rajoy y la austeridad para después dar un voto favorable a Junker en el

Parlamento Europeo. Eso no se podía hacer y no se hizo, al igual que hicieron los laboristas británicos. Este voto negativo marcaba una diferencia entre quienes seguían viendo al PSOE desde encima de la mesa de Keating y los que pensaban que con la derecha no se pactaba nada y mucho menos con candidatos a Comisarios como Arias Cañete. Esta diferencia de pareceres la vimos en la persona de Ramón Jáuregui, quien afirmó que ese voto negativo iba a ser controvertido, pero que aceptaba, por disciplina, la decisión tomada. A pesar de las voces discordantes de muchos socialistas con alma socialdemócrata que hay en el PSOE Pedro Sánchez mantuvo su postura y los socialistas votaron NO a Junker.

Otra apuesta fuerte del nuevo Secretario General del Partido Socialista fue la transparencia en todos y cada uno de los miembros de su Ejecutiva y la implantación de un severo Código Ético como medidas contra la corrupción, uno de los principales problemas de la política española. En medio del constante goteo de casos de corrupción que afectan tanto a PP y PSOE, Pedro Sánchez se propuso que los socialistas se diferenciaran claramente de los conservadores con la publicación de rentas y patrimonio de todos los miembros de la Ejecutiva Federal en la página web del partido, haciéndola accesible a cualquier español que quisiera consultarla.

La transparencia es fundamental en cualquier democracia. Los ciudadanos tienen el derecho de conocer si sus dirigentes se están enriqueciendo gracias a la política. Los ciudadanos tienen el derecho de poder acceder al modo en que se gasta cada euro de dinero público, del dinero de todos, cosa que hasta ahora no se puede hacer, al contrario que ocurre en otros países de nuestro entorno donde sus ciudadanos pueden saber, incluso, si un cargo público se tomó un café con leche y un croissant a la plancha en un desayuno de trabajo y lo pagó con la tarjeta de la institución donde ejercita su cargo. España, precisamente, se ha caracterizado por lo contrario, por la opacidad. El español de a pie sólo puede conocer en qué se gasta el dinero de sus impuestos si le echa valor y se lee los tomos de los Presupuestos Generales del

Estado, cosa que, por supuesto, sólo hacen quienes están obligados a ello. Esa opacidad es el abono perfecto para actitudes corruptas y para despilfarrar el dinero de todos.

Para evitar eso se presentaron esas 30 medidas contra la corrupción que fueron presentadas en el Congreso como Proyecto de Ley. Era una exposición muy clara de todas las reformas que habría que implementar en España para prevenir la corrupción política, reformas que endurecerían los controles y las penas para este tipo de delitos. Uno de los puntos más importantes era la inclusión en el Código Penal de la financiación ilegal de los partidos políticos, un tema que afecta directamente al actual partido en el Gobierno. También se proponía que las responsabilidades de los corruptos fueran avaladas con su patrimonio para reponer lo robado. Un conjunto de reformas muy potentes que, evidentemente, no salieron adelante, pero que dejó el poso de que el PSOE era un partido que con su nuevo Secretario General se marcaba como punto importante de su estrategia la regeneración democrática y la lucha contra la corrupción.

Por otro lado, y para diferenciarse de la oposición plácida de Alfredo Pérez Rubalcaba, Pedro Sánchez tuvo duros enfrentamientos con Mariano Rajoy en el Congreso de los Diputados llevando a la tribuna de la Cámara Baja los problemas reales de los españoles, esos problemas que el PP obvia porque sólo están centrados en las cifras macroeconómicas y en subvertir la realidad de los datos del desempleo, por ejemplo. Una de las frases más repetida por el actual Presidente es «usted me presenta una España que yo desconozco». Pues eso hizo Pedro Sánchez. Presentarle la España real, no la que se encuentra en los centros de poder ni en los mercados ni en las organizaciones supranacionales que controlan la economía mundial.

También fue importante su presencia en los medios de comunicación para exponer sus proyectos y propuestas. En un país como España que está recuperando el interés por la política estar en los medios de comunicación es fundamental. El ejemplo lo tenemos en Podemos cuya presencia en la televisión, primero a través de Pablo Manuel Iglesias en diferentes tertulias y después de sus principales líderes les dieron una visibilidad al ciudadano que cimentaron sobre esa presencia su éxito en las Elecciones Europeas y, posteriormente, su ascenso en las encuestas. Fueron controvertidas sus presencias en programas fuera del ámbito político como El Hormiguero o su llamada a Sálvame. Les tengo que reconocer que, en un principio, al autor no le gustó nada la segunda porque, a su entender, no era el formato adecuado para el líder del PSOE. Sin embargo, y después de reflexionar me di cuenta de que era un modo de, precisamente, visibilizar propuestas a los ciudadanos. En España no tenemos cultura de políticos en formatos menos serios de los habituales. En otros países como, por ejemplo, Estados Unidos nadie echa en cara que su Presidente acuda al programa de Jay Lenno o al de Oprah, incluso a Barrio Sésamo.

Estas y otras cosas hicieron que los socialistas viéramos a Pedro Sánchez con esperanza, como la persona que podía recuperar lo que por abandonar el socialismo se había perdido. Sin embargo, no todo podía ser tan bonito y el ascenso de la popularidad, tanto interna como la que le daban los ciudadanos, provocó que ese ego que lleva dentro saliera y quisiera llevar solo un barco que sólo se puede mover entre todos.

PERSONALISMO Y APROVECHAMIENTO DE LOS RECURSOS PARA PROMOCIONAR LA MARCA PERSONAL

A lo largo de la historia la imagen política de las organizaciones ha estado unida a la imagen de una sola persona, en unos casos por el fuerte liderazgo de ésta, en otros casos por el nefasto liderazgo de aquélla que se quería tapar con un culto a la personalidad. Son datos históricos, por tanto, casi irrefutables los que nos dicen que para el pueblo el segundo caso ha sido siempre un obstáculo para sus intereses, para resolver sus problemas y es el inicio de la inmolación para la organización que para ocultar graves carencias de su líder crea una serie de estrategias de marketing que llegan al culto a la personalidad.

Por desgracia eso está ocurriendo en el PSOE desde que Pedro Sánchez es Secretario General. Como ya quedó claro en el capítulo anterior, los comienzos fueron muy esperanzadores. Sin embargo, todo se fue torciendo hacia una especie de culto a la personalidad donde, incluso, se llega a hablar del PSOE de Pedro Sánchez cuando hay que referirse a un partido centenario donde los personalismos son contrarios a la propia ideología que debería regir el devenir de la organización.

A la valoración excesiva de la propia personalidad que lleva a una persona a creerse el centro de todas las preocupaciones y atenciones se le llama egocentrismo. A la admiración excesiva y exagerada que siente una persona por sí misma, por su aspecto físico o por sus dotes o cualidades se le llama narcisismo. A la adoración y adulación excesiva de un líder político vivo y unipersonal se le llama culto a la personalidad. Como puede comprobar el lector hay algo en común en estas tres definiciones: la palabra excesiva. Eso se puede aplicar a Pedro Sánchez. Está tan pagado de sí mismo que se olvida de que él representa a un partido y no a sí mismo. Tomás Gómez denunció la semana pasada, tras el golpe de Estado que dio el Secretario General, que hasta ese momento, a 3 meses de las elecciones, la única propaganda o el único material que habían recibido en las sedes del PSOE habían sido cartelerías con imágenes de Pedro Sánchez. Esto ha sido corroborado a este autor por agrupaciones de distintos puntos de España. Cuando Sánchez tiene un acto en cualquier punto del país la propaganda y la cartelería va con su foto y no con la de los candidatos a los que supuestamente va a arropar. ¿Esto es egocentrismo, narcisismo o quiere decir que el Secretario General del Partido Socialista quiere que se cree un culto a su persona? Es un poco la suma de todo, y lo vemos en esa expresión que tanto le gusta a él, en el PSOE de Pedro Sánchez. Esta apropiación de un partido centenario ya da una idea de cómo es el personaje.

A lo largo de la historia, desde los tiempos de Agamenón, hemos comprobado cómo estos personajes tan pagados de sí mismos han puesto todos los medios para eliminar a quienes les pudieran hacer sombra, una veces matándolos, otras veces llevando a esos posibles rivales (en algunos casos rivales imaginarios, ya que no existía competencia real) al ostracismo o al exilio. Nombres como

Trostsky, Jung Chang, Malcolm X, José Antonio Primo de Rivera o Ernesto Guevara, por poner algunos ejemplos, son la demostración de ello. Fueron purgados de sus organizaciones. Todo aquel que pudiera hacerle sombra al líder, era purgado. No estoy comparando a Pedro Sánchez con quienes depuraron a esos personajes. Sin embargo, la actitud es la misma tras lo ocurrido en Madrid en el mes de febrero, porque la disolución del PSM ha sido una purga con la intención de avisar a quienes se puedan poner de frente o apoyar a otros líderes territoriales. Lo ocurrido con el PSM es un aviso, una advertencia clara a Susana Díaz de que enfrentarse a él tiene consecuencias. El egocentrismo o el narcisismo de un líder político suele llevar hacia el totalitarismo al querer imponer su voluntad a la del resto de la organización.

Este egocentrismo, o narcisismo, o ambos, ya lo vimos durante las primarias del pasado mes de julio, tal y como se comentó en el capítulo correspondiente. Todos los socialistas estaban orgullosos del ejemplo de democracia interna que se daba al país, sobre todo después de los malos resultados de las Elecciones Europeas. El cénit de este ejemplo democrático se dio en el debate a tres que se celebró en la sede de Ferraz. Pérez Tapias, Madina y Sánchez contrastaron proyectos. Hubo algo que me chocó y es el personalismo de quien ganó las primarias. Incluso alguno de los otros dos le tuvieron que recordar que se trataba de elegir al Secretario General y no candidato a las Elecciones Generales. Tanto Pérez Tapias como Madina presentaron proyectos de partido, mientras que Sánchez se centró en medidas de gobierno. «Yo haré...», «yo revocaré...», yo, yo, yo, siempre él en primera persona, mientras que los otros dos utilizaban la primera persona del plural. Mientras Madina y Pérez Tapias hablaban de su visión del partido, el actual Secretario General hablaba de gobierno. Mientras Madina no dejaba claro si se presentaría o no a las primarias para elegir al candidato a la Presidencia, y Pérez Tapias apostaba por la bicefalia, Pedro Sánchez hablaba ya como candidato a las Generales. Mucho ego y pocas propuestas de partido.

Ganó las primarias con el apoyo oficial de federaciones tan fuertes como Andalucía o Madrid. Este autor no oculta que él no era su candidato. No le generaba confianza porque cuando se es socialista el «yo», el «ego», debe dejarse de lado para centrarse en el interés por el bien común. Debo reconocer que los primeros meses me sorprendió positivamente. Sin embargo, a medida que han pasado los meses el egocentrismo ha ganado a las buenas intenciones. Pedro Sánchez se presenta ya como candidato a la Presidencia del Gobierno, obviando las primarias abiertas que han de convocarse tras las elecciones municipales y autonómicas de mayo. ¿O no las va a convocar? ¿O va a dar otra muestra de autoridad ante sus posibles rivales para que se lo piensen bien antes de enfrentarse a él en las primarias? Quiero recordar que ya las retrasó contra lo que se decidió en un Congreso.

El PSOE de Pedro Sánchez, como le gusta a él que se llame al partido que fundó Pablo Iglesias, se encuentra en un momento muy delicado. La probabilidad de que, de seguir en esta deriva, los resultados en las

Autonómicas sean un nuevo fracaso y un descenso del apoyo de los ciudadanos al proyecto socialista se hizo realidad tras perder casi 800.000 votos. En 2011 los ciudadanos ya le dieron un aviso en las urnas y no se reaccionó porque era, al parecer de algunos analistas, la reacción lógica ante las medidas que la crisis y la explosión de la burbuja inmobiliaria tuvo que tomar el Ejecutivo de Zapatero. Se optó por realizar una oposición responsable para no caer en la mezquindad de la política de confrontación que suele hacer el PP cuando no gobierna. Incluso se llegó a pactar con el partido ultraconservador. Esto llevó a otro desastre electoral en las europeas, desastre que provocó la dimisión de Rubalcaba. El cambio de Ejecutiva no ha parado la sangría y la actual nos lleva a la hecatombe, al Armageddon socialista. Bueno, la actual Ejecutiva no, sino el Secretario General y ese culto al líder que parece que quiere imponer. El egocentrismo o el narcisismo provoca que no se reconozcan errores y Pedro Sánchez ha cometido muchos, sobre todo porque tiene una tendencia peligrosa a decir una cosa en los actos de partido de los fines de semana (donde busca el apoyo de la militancia a su autoproclamada candidatura a la Presidencia) y hacer la contraria el resto de la semana (donde se quiere presentar a los españoles como un político que antepone supuestos intereses nacionales a los intereses de partido). Es decir, que está haciendo lo mismo que Rubalcaba y que hundió al PSOE en las europeas. Dijo que no iba a pactar con el PP, y pactó siendo partícipe de una escena humillante con la firma de dicho pacto en Moncloa. Dijo que Tomás Gómez era el candidato ideal para Madrid, y en apenas unas horas lo cesó, con el ánimo de lanzar un aviso a Susana Díaz, Ximo Puig o García Page. Dijo que los imputados serían cesados y suspendidos de militancia pero Chaves y Griñán siguen ahí, porque, por mucho que el argumentario que han editado sobre este tema diga que aún no se les ha imputado ningún delito, cosa que es cierta, la realidad, y saliendo fuera de la semántica procesal, es que fueron citados a declarar en calidad de imputados. Alardea mucho de que él ha sido elegido por el voto de los militantes, pero les negó dicha posibilidad de elegir al candidato a la Comunidad de Madrid a toda la militancia del PSM porque él ya tenía a una persona y, como lo es para él, hay que imponerla. Y así me podría alargar un par de folios más con ejemplos tan vergonzantes como el de Murcia, Vitoria, Ávila o Parla. Esas apuestas personales del Secretario General y de su alter ego César Luena no han dado los resultados que él esperaba ya que en ninguna de esas plazas se ha logrado ganar las elecciones.

Pasará el tiempo y veremos a Pedro Sánchez referirse a él mismo en tercera persona, como hacía Julio César, o utilizando el «Nos» como hace el Papa. Los socialistas están aún a tiempo de revertir la situación porque el actual Secretario General del PSOE no es la persona adecuada para ello porque sus contradicciones generan desconfianza incluso en los propios votantes socialistas. Otra cosa es la militancia, cada vez más desencantada. Sin militancia no hay partido, no hay organización, no hay nada. Con Pedro Sánchez vamos caminando hacia una representación de menos de 60 diputados y de pérdida del poco poder autonómico y municipal que nos queda a los socialistas, salvo en Andalucía, donde hay una lideresa que mira hacia afuera y no hacia sí misma, una lideresa que no cae en contradicciones absurdas y que es la política mejor valorada, la única a la que la ciudadanía da una nota por encima de 5. En el resto del país, el desastre. ¿Dimitirá Pedro Sánchez tras el desastre electoral? Evidentemente, no, porque la culpa será de los demás. Los egocéntricos y los narcisistas tienen eso: jamás yerran por mucho que sus errores sean la causa de los peores males.

El personalismo de Pedro Sánchez llega a veces a rozar el ridículo. Lo vimos en las Elecciones al Parlamento Andaluz donde se sustanció que ve como rival directo a Susana Díaz para llegar a ser el candidato a la Moncloa. Todas las campañas de cartelería que se hacían con la imagen de Susana Díaz, al fin y al cabo, y esto es un detalle sin importancia para Pedro Sánchez, la candidata, era respondida por los órganos de propaganda oficiales del PSOE con fotomontajes donde aparecían juntos los dos utilizando los mismos carteles que los usados por la federación andaluza. El ridículo llegó a niveles obscenos cuando ya minimizaban a Susana Díaz y presentaban a Pedro Sánchez en un tamaño mayor. Había que dejar claro quién era el líder por encima de los intereses del partido. Nada ni nadie le podía quitar el protagonismo, por mucho que se jugara el PSOE en esas elecciones. El personaje principal, el «starring» era él y nadie más.

Lo mismo ha hecho durante la precampaña y la campaña para las Autonómicas. La maquinaria del partido estaba puesta al máximo de revoluciones para ganar unos comicios donde se preveía una fuerte caída del Partido Popular, por un lado, y un ascenso de los partidos emergentes por otro. El PSOE se jugaba mucho porque ahí se iba a ver cómo las propuestas socialistas estaban calando en la ciudadanía, si se había recuperado la confianza del pueblo en un proyecto que por abandonar las esencias había sido despreciado por quienes tienen la capacidad de decisión a la hora de elegir quién quiere que les gobierne.

Pedro Sánchez, eso hay que reconocérselo, ha hecho muchos kilómetros. Pero, ¿para qué? ¿Para apoyar a los candidatos o para apoyarse a sí mismo? ¿Para exponer el proyecto socialista municipal o autonómico o para tener la posibilidad de contactar con la militancia cara a cara y trasladarle su proyecto para llegar a la Moncloa? El lector ya se habrá dado cuenta de que la respuesta correcta a estas preguntas se encuentra en las segundas opciones.

Este año 2015 estamos teniendo una actividad electoral que no se recordaba desde los primeros años de la democracia. En apenas unos meses los ciudadanos vamos a ejercer nuestro derecho de sufragio para elegir a nuestros representantes en las instituciones. El cambio del mapa político español con la irrupción de nuevos partidos y por la necesidad de cambio que exige la ciudadanía provoca que todos los líderes nacionales se movilizaran para apoyar a sus candidatos, para que con su presencia su mensaje y su programa quedaran reforzados. Sin embargo, ¿ocurre en todos los partidos? Evidentemente, no, ya que hay alguno que está aprovechando la vorágine electoral para hacerse autopromoción, que ha confundido los términos, que se cree Alejandro Sanz visitando radios y televisiones para publicitar su nuevo disco.

Muchos socialistas están viendo cómo su Secretario General se ha aprovechado de su presencia en actos del partido, actos con candidatos municipales y autonómicos, para hacer su propia campaña de cara a las primarias. Kilómetros de socialismo lo llaman cuando la realidad está demostrando que son kilómetros de «pedrismo» si se me permite el neologismo. Son muchos los que se sienten ultrajados por esta utilización de los recursos del partido para que el Secretario General esté ya haciendo la campaña para las primarias de julio. Como algún dirigente ha dicho off the record, Pedro Sánchez ya está en «Modo Primarias».

No es la primera vez que lo hace. Ya le salió bien el año pasado y ¿por qué no le iba a salir bien ahora? Los militantes buscan tiempo debajo de las piedras para que sus candidatos logren ganar las elecciones. Todo el mundo trabaja para que el Partido Socialista recupere el sitio que le corresponde. Los militantes se desgañitan en todos los foros existentes e inventando foros nuevos para que los ciudadanos vuelvan a ilusionarse con el proyecto socialista. Mientras, Pedro Sánchez, hace promoción personal, del mismo modo en que Alejandro Sanz hace la suya.

Como he dicho, ya lo hizo durante las pasadas Elecciones Europeas. Mientras toda la militancia luchaba para que Elena Valenciano ganara los comicios, Pedro Sánchez estaba en plena promoción personal para lograr ser Secretario General. Se hizo un esfuerzo tremendo por parte de muchos militantes para que Elena lograra ganar unas elecciones que eran fundamentales para el futuro de España y de la Unión Europea. Había una oportunidad para acabar con las políticas neoliberales y de austeridad. Los socialistas se volcaron para lograr esa victoria. Sin embargo, Pedro Sánchez iba agrupación por agrupación para promocionarse de cara a suceder a Alfredo Pérez Rubalcaba. Los resultados fueron malos para el PSOE a pesar del trabajo espectacular de una militancia que se volcó y luchó hasta la extenuación. No obstante, para Pedro Sánchez el desastre electoral significaba ponerse en el trampolín para dar el salto, para alcanzar la Secretaría General, para optimizar el trabajo realizado mientras los demás se dejaban todo por el partido, por su candidata. Hizo muchos kilómetros para buscarse un beneficio propio no para ayudar al PSOE.

En las primarias ya partió con ventaja dado que los otros dos candidatos no habían realizado esos kilómetros de autopromoción y se ajustaron a los plazos que marcaban los tiempos que iban entre la recogida de avales y las votaciones de julio. Pedro Sánchez ya había estado en las agrupaciones, ya se había promocionado. Y ganó con la legitimidad que da el voto de los militantes. Por cierto, parece ser que ahora ese voto no vale para nada y que sólo tiene valor lo que diga su Ejecutiva. Pero ese es otro tema.

La historia se vuelve a repetir. Estamos en época electoral y Pedro Sánchez está haciendo kilómetros, está visitando agrupaciones, está hablando con los militantes, es decir, ha activado el Modo Primarias. Aprovechando que el Pisuerga pasa por Valladolid el Secretario General del Partido Socialista Obrero Español no hizo campaña para las municipales ni las autonómicas sino que estaba haciéndose su promoción para las primarias de las generales. Todo ello, además, con el apoyo del aparato y de los recursos del partido, recursos que deben estar orientados más a conseguir una victoria y recuperar lo que se perdió en 2011, recursos que deberían invertirse en devolver la ilusión de los ciudadanos en el proyecto socialista. Sin embargo, Pedro Sánchez utilizó la campaña de las municipales y autonómicas para promocionarse ante los militantes. Le importa poco que tal o cual candidato necesite más o menos apoyo por su parte. Lo importante es ganarse apoyos para las primarias de julio e intentar lograr que no haya ningún otro candidato que le pueda hacer sombra.

Tampoco se puede esperar otra cosa de quien piensa que el PSOE es él.

Tan descarada es esa actitud que ya están surgiendo voces denunciando el juego sucio que está practicando. A él le da igual porque la prioridad es él. Esta actitud es la que suelen tener los líderes débiles que piensan que son fuertes. De ahí que se produzcan acontecimientos como los ocurridos en Madrid, Ávila, Vitoria, Parla o Murcia. De ahí que se utilice a dirigentes socialistas como cabezas de turco para enviar avisos a quienes puedan hacerle sombra. De ahí las constantes amenazas a los posibles candidatos o los posibles movimientos internos para presentarse a las primarias. Él ya se está encargando de desactivarlo con la promoción de su persona, con la imposición de la idea de que o Pedro Sánchez o nada, es decir, el mismo mensaje de Mariano Rajoy «o el PP, o el caos». Se están invirtiendo muchos recursos para hacer ver que la debilidad de su liderazgo es la única solución, es la única opción.

Pedro Sánchez hizo y está haciendo kilómetros y kilómetros para promocionarse. ¿Son kilómetros de socialismo? No, más bien son kilómetros de desvergüenza.

AMORDAZAR A LA MILITANCIA

«Las primarias son una mera distracción para la militancia y su voto no sirve para nada porque la decisión final a la hora de elegir un candidato corresponde en exclusiva a los 311 miembros que componen el Comité Federal». Este pensamiento, desde un punto de vista democrático, es terrible, ¿verdad? Es como si un Jefe de Estado afirmara sin rubor alguno que las Elecciones Generales son una mera distracción para los ciudadanos y que su voto no tiene valor alguno porque la decisión final la tiene ese Jefe de Estado o un Comité de asesores.

Cualquiera que fuera ajeno a la situación política española pensaría que dicho pensamiento podría provenir de un dictador que quiere maquillar su poder unipersonal bajo unas elecciones ficticias, como ocurre en algunas antiguas repúblicas soviéticas o, desde otro punto de vista, en alguna «pseudodemocracia» sudamericana. Sin embargo, se trata de la interpretación del Partido Socialista Obrero Español a su democracia interna. Este desprecio hacia la militancia fue expresada en un juzgado por la representación legal del PSOE como defensa ante la denuncia presentada por el candidato elegido en primarias por la militancia de la localidad madrileña de Parla. A cualquiera le podría sorprender que un partido que ha dado un ejemplo de democracia interna jamás vista en España desprecie de esa forma la importancia de sus propios militantes a la hora de elegir a los candidatos para las elecciones. Es indignante que una organización como el PSOE, cuyo Secretario General fue elegido por el voto de los militantes, cuyo Secretario General ha presumido hasta el hastío de ser un militante de base, de ser un defensor de que sea la militancia quien elija tanto a sus cargos orgánicos como a sus candidatos, de ser el Secretario General de la militancia, ahora desprecie de ese modo la voz de las bases.

No obstante, quien tenga unos pocos conocimientos de cómo han funcionado las organizaciones políticas a lo largo de la historia sabrá que cuando alcanza el poder de ésta una persona pagada de sí misma las bases dejan de existir y se suele pasar a un régimen personalista donde sólo se hace lo que el líder. Desgraciadamente eso es lo que está ocurriendo en el PSOE. Se ha pasado en menos de un año de ser un ejemplo de democracia interna al personalismo puro y duro. Da la sensación de que si Pedro Sánchez no hubiera nacido España el Partido Socialista no existiría.

Esa frase, ese pensamiento con el que abríamos este capítulo es la visión que tiene el actual Secretario General de la voz de sus bases. Esa frase, ese pensamiento determina muchas cosas para el futuro del partido y explica muchos sucesos ocurridos en los meses previos a las municipales y autonómicas de mayo de 2015. El personalismo de Pedro Sánchez y de su adminículo César Luena derivó en actitudes autoritarias al no respetar las decisiones de la militancia tras las primarias convocadas y celebradas en todas y cada una de las agrupaciones y federaciones de España e imponer a sus propios candidatos, en algunos casos, aquellos a los que la militancia no había apoyado con su voto o con su aval.

Impactante fue la decisión de intervenir a la federación madrileña e imponer una gestora dirigida por, precisamente, los críticos con el Secretario General del PSM. Tras el asalto se llegó aún más lejos en el autoritarismo y en las actitudes dictatoriales al imponer a un candidato para la Comunidad de Madrid sin contar con la militancia, amordazándola. Se hizo un paripé de consulta oral en las agrupaciones, pero fue una consulta sin ningún tipo de control ni garantías ya que no había ni censos, ni registros. Era el candidato de Ferraz o era el candidato de Ferraz, no había más opción. Luena afirmó en rueda de prensa que esta decisión se tomaba por varias razones, entre las que destacó que Gómez podría tener problemas judiciales por la gestión en la construcción del Tranvía de Parla —ciudad del sur de Madrid de la que fue alcalde. A día de hoy, mientras las letras van llenando el blanco de la hoja, Tomás Gómez aún no ha sido imputado ni hay visos de que lo vaya a ser. La razón de esta decisión va más allá de excusas falsas como las que dio Luena. Tomás Gómez fue destituido y el PSM fue intervenido y entregado a quienes llevaban años con el puñal entre los dientes porque no se sometió a las exigencias que Pedro Sánchez le quiso imponer. No quiso abandonar su candidatura porque los militantes le habían avalado y ningún otro candidato había alcanzado el número de avales mínimo que marcan los Estatutos del PSOE. El Secretario General no dudó en traicionar a quien le había apoyado durante las primarias porque no se sometía a sus exigencias. El propio César Luena dejó bien claro en esa misma rueda de prensa que «el PSOE está dirigido por la Dirección Ejecutiva Nacional, que es quien manda, Pedro Sánchez», es decir, que utilizó los mismos argumentos que se daban durante el franquismo cuando se afirmaba en España mandaba el Caudillo y nadie más. Como se puede comprobar, un ejemplo claro de democracia interna, permítanme la ironía, que se puede resumir en la siguiente frase: «En el PSOE el que manda es Pedro Sánchez». Si juntamos este razonamiento con el que abría el capítulo nos hacemos una idea del nivel de respeto hacia la voz de las bases que tiene el actual Secretario General del Partido Socialista.

Sin embargo, el amordazamiento y la falta de respeto hacia las decisiones de la militancia no ocurrió sólo en el PSM y Tomás Gómez no fue el único defenestrado. Hubo más casos como lo ocurrido en Vitoria, Murcia, Ávila o Parla, por poner unos ejemplos. Seguramente hubo más porque una de las especialidades de Luena es la intervención autoritaria de federaciones o agrupaciones. Cuando era Secretario General del PSOE de La Rioja intervino la agrupación de Logroño, la más grande de la Comunidad Autónoma, sólo por el hecho de que no le eran demasiado afines, o sumisos, a lo que él querría. Esa experiencia la ha aplicado junto con Pedro Sánchez durante la precampaña al quitar y poner candidatos a su antojo eliminando a quienes no estaban en su cuerda. Estas actitudes autoritarias también son un aviso para otros importantes dirigentes que podrían ser díscolos o que podrían tener la osadía de presentarse contra él en unas primarias para ser candidato a la Moncloa. Eso un egocéntrico como Pedro Sánchez no lo podría aguantar y por eso ya dio muestra de su autoritarismo antes de las municipales y autonómicas. Si se ha quitado de en medio a Tomás Gómez...

El deseo de Pedro Sánchez y de alguien más de su equipo es que no se celebren primarias abiertas para la elección del candidato a la Presidencia del Gobierno. El actual Secretario General ya se ha autoproclamado en más de una ocasión como el candidato a las Generales. El apéndice César Luena ya ha amenazado a quienes tengan tentaciones de presentarse porque sólo hay un proyecto posible, el suyo, el de Pedro Sánchez. ¿Cómo un dirigente de un partido que va presumiendo de democracia interna puede tomar actitudes tan autoritarias? ¿Tal vez piensan que estar en la punta de la pirámide les da poder para amordazar a la militancia y a cauterizar cualquier candidatura alternativa? Evidentemente, sí lo piensan. El ego del Secretario General no puede permitir que nadie le quite el protagonismo. Para eso ha recorrido kilómetros y kilómetros para exponer su proyecto a los militantes mientras el resto del partido estaba en ganar las elecciones.

Sin embargo, tienen un problema para poder imponer unilateralmente a Pedro Sánchez como candidato a la Moncloa: los Estatutos del PSOE que han de cumplir a rajatabla si no quieren caer en la prevaricación. En el Partido Socialista están recogidas dos tipos de consultas a la militancia a la hora de elegir a sus candidatos: en primer lugar, primarias abiertas, donde el censo se abre a toda la ciudadanía junto al de militantes, previa firma de adhesión a los principios socialistas y pago de una cuota simbólica de hasta 3 euros; en segundo lugar, primarias cerradas donde sólo tienen derecho al voto los militantes socialistas. Según las últimas Resoluciones Congresuales **es obligatorio convocar primarias abiertas para la elección del candidato a las Elecciones Generales.** En lo referente a la elección de candidatos para autonómicas o municipales es diferente. No es obligatoria la convocatoria de primarias abiertas sino que cada Federación Territorial tiene la potestad de decidir el modelo de elección, abierto o cerrado, y sólo pueden votar los militantes en el caso de los candidatos a los ayuntamientos.

Como siempre ocurre en el Partido Socialista existen diferentes visiones: hay quien defiende la idoneidad de este procedimiento de elección, donde la militancia es la que decide con su voto, procedimiento que se abre a los ciudadanos no militantes en el caso de las primarias abiertas; por otro lado, están los que defienden que la elección de candidatos debe seguir haciéndose por el procedimiento antiguo por el que se elegía a quien encabezaría la candidatura socialista a través de la elección de los delegados. Antes del año 2000 estos delegados tenían la obligación de votar al candidato a Secretario General según lo que decidiera su agrupación. En el 2000 Zapatero dio libertad a los delegados para que pudieran cambiar la decisión de su agrupación lo que provocaba un mercadeo intolerable y una falta de respeto hacia lo que las bases habían decidido.

Para la elección del candidato a la Moncloa, tal y como obligan los Estatutos del PSOE, hay que convocar primarias abiertas. En ellas Pedro Sánchez se juega mucho porque es donde los militantes y la ciudadanía avalarán o no su gestión. Por eso durante la campaña de las autonómicas y municipales ya se ha estado dando autobombo, como ya se ha explicado anteriormente. ¿Qué le interesa más a Pedro Sánchez, que haya o que no haya primarias? Hay varias interpretaciones que, conociendo al personaje y a lo pagado que está de sí mismo, son válidas. Por un lado hay quienes piensan que Pedro Sánchez no quiere que haya primarias, es decir, que ningún candidato le haga sombra. De ese modo se puede presentar a las Elecciones Generales interpretando que tiene el total apoyo de las bases, de que él es el único que puede liderar el camino hacia la Moncloa con garantía de éxito. De ahí las amenazas y los toques de atención dados a quienes pudieran tener la tentación de enfrentarse a él. Por otro lado, están los que piensan que Pedro Sánchez, a pesar de su egocentrismo y de creer que el PSOE es él, está muy interesado en que consiga los avales necesarios un candidato de «segundo nivel» para poder aplastarlo y afianzar aún más su poder absoluto en el PSOE.

Sin embargo, existe un problema y ese problema lo resumimos en la frase que iniciaba el capítulo: **«Las primarias son una mera distracción para la militancia y su voto no sirve para nada porque la decisión final a la hora de elegir un candidato corresponde en exclusiva a los 311 miembros que componen el Comité Federal».** En caso de que hubiera un candidato alternativo al Secretario General, un candidato que obtuviera los avales necesarios y que recibiera un mayor apoyo que Pedro Sánchez, ¿aceptarían él, el líder máximo y su adlátere Luena el resultado? ¿Aceptarían la bicefalia respetando la decisión tomada por los militantes? No quiero poner nombres por si el hecho de que se nomine a alguien pueda acarrear consecuencias y represalias, que ya amenazó Luena a quienes tuvieran tentación de abrir el proceso y no aceptar la aclamación del Secretario General como candidato a la Moncloa, con esa frase tan democrática de que **Pedro Sánchez es la única alternativa**. ¿Aceptaría Pedro Sánchez compartir protagonismo o cederlo en favor de otra persona? Evidentemente no. Ya está poniendo todos los medios para que a nadie se le ocurra presentar candidaturas alternativas, ya ha utilizado los medios del partido para hacerse campaña aprovechando el tiempo electoral. Está claro que se ha dado cuenta de que su liderazgo pende de un hilo, de que es un líder hiperdebilitado, tanto dentro como fuera del partido. Esto es un hecho y no hay nada más peligroso en la vida que alguien que se cree líder y no lo es.

Sin embargo, la solución para la marca PSOE pasa por la bicefalia, por el hecho de separar de una vez los intereses de partido de los intereses de gobierno. No obstante, en una mente narcisista y ególatra como la del Pedro Sánchez eso no puede entrar, no lo concibe. Y él sabe que si hay primarias las va a perder si hay un candidato con carisma y unas propuestas no basadas en el personalismo sino en el mensaje socialista. Su egolatría le ha hecho perder los fuertes apoyos que tuvo cuando alcanzó la Secretaría General. Ya no tiene a la militancia de Andalucía a su lado, la Federación que lo aupó. Ya no tiene a la Federación Madrileña a su lado. Todas y cada una de las Federaciones y Agrupaciones a las que se les ha escupido en la cara al intervenir las decisiones tomadas por los militantes ya no le apoyan. Entonces, ¿qué futuro tiene Pedro Sánchez para las primarias? Ninguno. Por eso está intimidando a los posibles candidatos. De ahí las amenazas de Luena. Saben que no va a optar a la Presidencia de Gobierno porque cualquiera es mejor que ellos, cualquier puede presentar un proyecto que ilusione más a los ciudadanos que el que él pueda presentar.

De ahí las maniobras y los pactos secretos a los que se está llegando con el PP que desembocarán, irremediablemente, en un Gran Pacto que salve a dos líderes débiles de los dos principales partidos políticos españoles. De ahí que se quiera paralizar cualquier posible candidatura alternativa con amenazas veladas en ocasiones y directas en otras. De ahí que se utilicen cabezas de turco y defenestraciones de líderes importantes como ejemplo de lo que le puede pasar a quien no acepte la proclamación de Pedro Sánchez.

Esto es así y así el PSOE, un Partido Socialista que puede dar mucho a los ciudadanos, que puede ser el nuevo catalizador de las esperanzas del pueblo, pero que se va a quedar en agua de borrajas gracias al desprecio que siente el Secretario General por la voz de su militancia porque, al fin y al cabo, las primarias son una mera distracción y el voto de los militantes no sirve para nada. Sólo quiero recordar que el Secretario de Organización es César Luena y, por consiguiente, es quien preside la Comisión de Listas que es quien debe aprobar el resultado de las primarias. ¿Se imaginan ustedes el escándalo que supondría que Pedro Sánchez determinara imponerse él por una decisión de la Comisión de Listas a pesar de que los militantes y los ciudadanos hubieran elegido a otra persona? Sería un escándalo porque, en este caso y a diferencia de lo ocurrido en las municipales y autonómicas, no sólo amordazaría la decisión de la militancia sino también de la ciudadanía. Consecuencia: el egocentrismo de Pedro Sánchez acabaría de una vez con el PSOE.

Las pasadas Elecciones Municipales y Autonómicas han demostrado que la situación política de España ha cambiado. También se ha hecho evidente que los ciudadanos quieren otro tipo de políticos y de otra manera de hacer política. Habrá quien piense que esta atomización genera ingobernabilidad. Es evidente que la parcelación del voto, que la irrupción de nuevas fuerzas provoca que no haya mayorías absolutas ni mayorías suficientes como para poder gobernar sin tener que negociar ni llegar a consensos con otras formaciones, incluso con formaciones que se encuentren en un arco ideológico al del partido que gobierne. Señores, esto es la democracia. Lo que no es democrático es el régimen de dictadura parlamentaria que ha impuesto el Partido Popular durante esta legislatura.

En este nuevo tiempo, en esta Segunda Transición, como la llaman algunos, los ciudadanos quieren que sus representantes den prioridad a sus demandas y necesidades que a las de las élites, que prioricen los verdaderos problemas frente a las de la macroeconomía. Por eso los dos grandes partidos de la democracia están sufriendo los descalabros electorales y están recibiendo el castigo del pueblo. Ha sido necesaria una crisis económica brutal para que en España los ciudadanos se interesen en la política y, sobre todo, que quieran ser partícipes de las decisiones. Ha sido necesaria una crisis económica que ha generado niveles de desigualdad jamás vistos en nuestro país desde los tiempos del estraperlo para que la ciudadanía se haya dado cuenta de que el estado de apatía respecto a las decisiones de los políticos no les genera beneficios. Tienen la obligación moral de ser partícipes de la toma de decisiones y ahora, tras años de indolencia, han decidido llevar a efecto esa participación.

Han surgido nuevas fuerzas políticas con nuevas ideas de cómo afrontar el gobierno o la presencia en las instituciones. En principio surgió por el ala izquierda Podemos, partido que recoge las reivindicaciones del 15M. Posteriormente se fue haciendo fuerte una organización que ya llevaba años de actividad en Cataluña pero que no había salido de su ámbito territorial: Ciudadanos, que ha irrumpido con fuerza por el ala derecha del arco. Ambos, dentro de sus ámbitos ideológicos, han revolucionado de tal modo el mapa político que los dos partidos que tradicionalmente han tenido responsabilidades de poder, PP y PSOE, están viendo amenazados sus estatus de partidos de referencia conservadora o progresista. Estos nuevos partidos se diferencian de las dos principales formaciones de la democracia que conforman lo que se ha mal denominado como *bipartidismo*, en que han renovado su propia marca, programas y propuestas a parte. Será un rasgo que pueda parecer nimio a muchos de quienes leen estas líneas pero que los datos lo demuestran. En estos nuevos tiempos políticos cualquier referencia al pasado resta y, tanto Podemos como Ciudadanos, lo saben. Los resultados dan fe de ello. Todas las organizaciones cuyas siglas comienzan con la palabra «Partido» están perdiendo calado en la ciudadanía. No llega porque ya el propio nombre refleja algo viejo, algo que parece que viene de varios siglos atrás. Sin embargo, triunfan los nombres de marca simples y que rezuman unidad popular, tal y como hemos visto con las diferentes plataformas ciudadanas que han tenido tan buenos resultados sobre todo en las grandes ciudades.

Todos esos cambios que se están produciendo sólo calan en el PSOE de Pedro Sánchez en la superficie porque sigue funcionando como un partido sin renovarse. El último ejemplo lo tenemos en el calendario de las primarias para la elección del candidato a la Presidencia del Gobierno. Una actitud caciquil que no sorprende teniendo en cuenta los antecedentes egocéntricos del Secretario General del PSOE.

Tal y como decimos esta actitud caciquil la hemos visto de nuevo en el calendario de las primarias que se presentó el sábado, un calendario hecho a la medida del Secretario General, sobre todo teniendo en cuenta las fechas en las que muchos compañeros se están jugando alcanzar pactos de gobierno con otras fuerzas. Eso a él le da igual. Lo importante es que él sea el candidato. El resto le importa una mierda. Repasemos ese calendario para ver cómo está confeccionado a la medida de las necesidades de Pedro Sánchez. En primer lugar, se adelanta al día 1 de junio la presentación de candidaturas hasta el viernes, es decir, sólo 5 días. La recogida de avales (tarea que el Secretario General ya lleva adelantada por su campaña personal durante las municipales y autonómicas) se alargará durante 11 días, hasta el 16 de junio y la proclamación de candidaturas se hará pública el día 20. Realmente cuando hablan de proclamación de candidaturas de refieren a la proclamación por aclamación de Pedro Sánchez.

¿Se imaginan ustedes que en unas elecciones de países pseudo-democráticos se presentara un calendario así, a medida de los intereses personales del líder? Sería un escándalo a nivel internacional. Pues no se diferencia mucho de lo que ha presentado el PSOE. Los plazos coinciden con los marcados por la Ley para la composición de los gobiernos autonómicos y de los ayuntamientos. Por tanto, es la estrategia para que quienes habiendo obtenido el apoyo de los ciudadanos en las urnas para poder conformar gobiernos o para ser fundamentales para sacar al PP de las instituciones están obligados a cerrar acuerdos de gobernabilidad se centren en lo suyo y no se enfrenten a Pedro Sánchez.

Quiero recordar a todos que Pedro Sánchez estaba obligado a convocar las primarias para la candidatura a la Presidencia del Gobierno porque los Estatutos del PSOE así lo determinaban. Si no hubiera estado así legislado no habría habido primarias porque se hubiese autoproclamado. Su ego y su modo de entender la Secretaría General del partido como si fuese su territorio de actuación no le permitiría rebajarse a que los militantes decidan que otra persona que no sea él se convierta en el candidato a la Moncloa. Hay que tener en cuenta que sus constantes traiciones a los que le apoyaron en las primarias a la Secretaría General le han restado muchos apoyos de importantes federaciones. Y él lo sabe, sabe que con un candidato fuerte tendría que aceptar lo que su ego no le permitiría jamás: la bicefalia. De ahí la cacicada de calendario de primarias que ha aprobado. Sin embargo, en caso de que hubiera un candidato alternativo, de que ganara a Pedro Sánchez, es muy probable que la Comisión de Listas que preside César Luena proclamara al Secretario General porque, como ya reconoció Ferraz a través de sus abogados «las primarias son solo una distracción para los militantes y su voto no vale para nada». Esta frase resume perfectamente el estado en que está el Partido Socialista respecto a la democracia interna de la que tanto presume pero que tanto quieren eliminar con cualquier método que tape la boca a los militantes.

LA ÉPOCA ELECTORAL

El verano pasó y, a pesar de que algunos pensábamos que las Elecciones Generales se iban a adelantar al mes de septiembre por pura estrategia política de Mariano Rajoy para hacerlas coincidir con las catalanas y para evitar que los nuevos partidos crecieran aún más, se convocaron los comicios para el día 20 de diciembre, fecha que anunció en una entrevista en televisión. Mientras todo el mundo estaba pendiente de lo que ocurría en Catalunya, Pedro Sánchez aprovechó para volver a imponer a personas en sus listas. Lo que ocurrió en Madrid fue para hacérselo mirar. Colocó en los puestos de salida a personas totalmente ajenas a la Federación Madrileña sin tener en cuenta los Reglamentos y los Estatutos que hasta la Ejecutiva Federal está obligada a respetar. Sin embargo Pedro Sánchez, tal y como ya ha demostrado, se siente por encima de esos Reglamentos y de los Estatutos. En el PSOE se hace lo que él diga y punto en boca. Incluyó, por ejemplo, a personajes como Irene Lozano, una tránsfuga de UPyD que se pasó toda la legislatura anterior insultando al Partido Socialista y colocó a históricos socialistas como Eduardo Madina en puestos en los que quedaban prácticamente fuera del Parlamento.

Por si esta actitud autoritaria a la hora de confeccionar las listas electorales no hubiera sido suficiente, Pedro Sánchez dejó claro que la estrategia para la campaña electoral era su propia imagen. Cualquiera que viva en un piso de dos o tres dormitorios sabe lo que son setenta y dos metros cuadrados y lo que representan. Yo me pregunto si el ego se puede medir con el sistema métrico decimal. Quien sí lo sabe es Pedro Sánchez que colocó en la Sede Central del Partido Socialista en la calle Ferraz un retrato suyo de esas dimensiones: setenta y dos metros cuadrados de Pedro Sánchez. El hecho de que el actual Secretario General le esté dando un carácter personalista al partido es ya de por sí un insulto a la propia historia del mismo. Que se colocara a un Pedro Sánchez del tamaño de una vivienda en la fachada de Ferraz era escupir en la cara de la memoria del propio fundador del PSOE porque, si ustedes no lo saben, en ese edificio murió Pablo Iglesias el 9 de diciembre de 1925.

Siguiendo el camino hacia el culto a la personalidad instaurado por Sánchez y sus más fanáticos seguidores (algunos ocupan puestos de relevancia en la Ejecutiva) se había decidido darle un carácter personalista a la precampaña de las generales de diciembre. Esta obcecación en centrar todo en la imagen del Secretario General fue también una muestra de ignorancia supina. En primer lugar, era desconocer la propia ubicación de la sede de Ferraz, en pleno distrito Moncloa-Aravaca, en el barrio de Argüelles, paralela a Pintor Rosales, es decir, una de las zonas de la capital que más apoyo da al Partido Popular. ¿Qué eficacia tenía, entonces, plantar ahí a un Pedro Sánchez de setenta y dos metros cuadrados? En segundo lugar, centrar todo el mensaje en la figura del líder como ocurre en países presidencialistas, como Estados Unidos, era desconocer el sistema español porque aquí no se vota a una persona sino a un partido y a un programa. ¿Iba a ser el programa electoral del PSOE un álbum fotográfico de Pedro Sánchez? Todo parecía indicar que sí. En tercer lugar, la imagen de marras me recordaba tanto a la pancarta que la CEDA colocó en la Puerta del Sol con la imagen de Gil Robles y el mensaje «Estos son mis poderes» que sólo de recordarlo daba náuseas.

Todo el mundo tenía claro que los resultados de las Elecciones Generales del mes de diciembre de 2.015 iban a deparar un escenario desconocido en nuestra democracia. Todo indicaba que el reparto de escaños traería consigo una atomización del Parlamento y que las fuerzas políticas de nueva creación, Podemos por el crecimiento de apoyos tras las municipales y Ciudadanos sobre todo tras los resultados espectaculares que obtuvo la formación naranja en las catalanas del mes de septiembre, restarían escaños tanto al Partido Socialista como al Partido Popular. Por otro lado, quedaba muy claro que, por mucho que los partidos de nueva creación lograran recabar apoyos de votantes descontentos o de antiguos abstencionistas no superarían en representación a los dos partidos tradicionales. Todo indicaba un cuádruple empate. Sin embargo, a pesar de que era obvio que el mapa político iba a quedar muy polarizado y que iba a ser necesario volver a la negociación entre las distintas fuerzas políticas, Pedro Sánchez inició una campaña electoral plagada de errores que parecía preparada por el mismísimo Pablo Manuel Iglesias.

La gran mayoría de las encuestas le daban entre setenta u ochenta escaños. Eran encuestas, sí, no se trataba del escrutinio, pero «cuando el río suena...». El Partido Socialista llegaba a esta cita electoral con varios problemas, tanto internos como externos. Entre estos últimos teníamos la falta de credibilidad de sus propuestas tras los dos años finales de la legislatura de Rodríguez Zapatero, la inacción respecto a las políticas del Partido Popular durante la oposición de Pérez Rubalcaba y la fuga de votantes hacia los partidos emergentes que eran la consecuencia de lo anterior y de las medidas a nivel interno que fueron tomadas por la Ejecutiva de Pedro Sánchez, ya que el desencanto entró en el ámbito de la militancia y las bajas se contaban —y se siguen contando— por miles. Ante esta situación el PSOE planteó una campaña llena de errores de estrategia, errores que podían dejar al partido que lideró el cambio en la década de los 80 y en la primera legislatura de José Luis Rodríguez Zapatero en tercer o cuarto lugar en número de escaños.

Había que tener en cuenta un hecho: una campaña electoral es un proceso de venta y, como tal, debe ser planteado con la idea de captar la confianza de quienes no están convencidos. Ahí es donde encontramos el primer error. Cualquiera que haya planteado una estrategia de captación de clientes, en este caso de votantes, sabe que a la gente no hay que convencerla sino que hay que persuadirla y seducirla. La forma en que el PSOE planteó el lanzamiento del mensaje era totalmente equivocada ya que, por un lado, saturaba al votante con demasiadas propuestas y, por otro, las seguían planteando a la antigua usanza. Cuando quieres vender tu producto es necesario que no pongas todas las cartas encima de la mesa durante la primera mano, tienes que dejarte ases bajo la manga. También, y esto es lo fundamental, tienes que generar necesidad en tus interlocutores y la estrategia de comunicación del equipo de Pedro Sánchez no la estaba generando. Es fundamental conocer al público al que te diriges y la ciudadanía española estaba y está muy harta de propuestas grandilocuentes con un titular fastuoso pero vacío de contenido o de difícil aplicación. La ciudadanía española quería y quiere saber qué se va a hacer por ellos, cómo se va a llevar a cabo, cuánto va a costar, cómo se va a pagar y cuándo se va a poner en práctica, es decir, quería y quiere hechos, no promesas, sobre todo en un país donde las promesas electorales no están reguladas ni son de obligado cumplimiento. El PSOE estaba haciendo muchas propuestas pero sin ninguna concreción, estaba poniendo todas las cartas encima de la mesa en el principio de la campaña y no se dejaba ases en la manga para el final por lo que el mensaje iba quedando diluido a medida que el resto de partidos presentaba poco a poco sus propuestas. ¿Qué carta tenía Pedro Sánchez para revertir la situación? Daba la sensación de que se les decía a los ciudadanos lo que estaban esperando oír pero que los estrategas del PSOE no se pararon a analizar detenidamente los problemas reales de la ciudadanía para presentarles una serie de medidas que fueran directamente a esas necesidades.

Relacionado con lo anterior, hubo otro error de bulto en el modo de transmitir el programa a los españoles: la presencia machacona del legado socialista para contraponerlo al modo de gobernar de Rajoy. Es cierto que el PSOE fue quien implementó el Estado del Bienestar en España en los primeros gobiernos de Felipe González, como lo es también que durante los primeros cinco años de Rodríguez Zapatero se tomaron importantes medidas de corte social. Sin embargo, utilizar ese pasado como argumento de campaña era demasiado arriesgado y, en consecuencia, un error por varias razones. La primera es que no se podía capitalizar ese

Estado del Bienestar como algo propio del socialismo porque los ciudadanos ya lo tienen como un patrimonio propio, como algo suyo. La segunda razón es que si presentas tus éxitos le dabas munición a tus adversarios, sobre todo a aquellos que se han nutrido del desencanto de los antiguos votantes socialistas o de los militantes que se han marchado asqueados por la estrategia personalista de la actual Ejecutiva. Pedro Sánchez quería presentar las políticas sociales implementadas por el PSOE para contraponerlas a la desastrosa política de Rajoy y a las propuestas de los nuevos partidos con la idea de dar valor a la experiencia de gobierno respecto a la bisoñez. No obstante, los errores cometidos por el Partido Socialista durante el periodo 2.009-2.011 afectaron tan directamente a la vida de los ciudadanos que esas heridas aún no se han cerrado y eso la gente no lo olvida.

El propio candidato era ya un error de por sí porque no transmitía empatía y porque tenía muy poca credibilidad. Tal vez esto viniera por la imagen del propio partido, pero

Pedro Sánchez no generaba confianza en aquellos que quieren renovar la democracia española, en quienes vieron hacía años que el PSOE fue quien cimentó lo que se había hecho durante la Transición. Su propia gestión interna del partido y su egocentrismo patológico también ayudaban a ese desapego hacia el candidato. Existían dudas de si Pedro Sánchez tendría conocimiento que no se trataba de una campaña presidencialista pero su modo de comunicar las propuestas socialistas iba en contra de lo que demandaban los ciudadanos. El constante uso de la primera persona del singular en vez de la del plural, frases como «YO me comprometo...», no ayudaban porque lo que se demandaba era la apertura de la democracia a la ciudadanía. El modo en que transmitía las propuestas incluidas en el programa electoral era totalmente errática, sobre todo cuando se presentó tal o cual medida de una manera y al día siguiente tuvo que dar marcha atrás por el ruido que generaba dentro de las propias filas socialistas. Ese comportamiento no era serio ni era el esperado por los ciudadanos de alguien que quería ser Presidente del Gobierno.

¿Qué debería haber hecho el PSOE para plantear una campaña que atrajera a los que no les votaron jamás, a los que les dejaron de votar, a los que por primera vez en democracia no les iban a votar o a los que no habían votado nunca? La campaña electoral debía de haberse iniciado con un golpe de efecto sobre la mesa: presentar un plan en el que el Partido Socialista, no Pedro Sánchez, se comprometiera a legislar sobre el cumplimiento íntegro del programa como una de las primeras medidas a adoptar por su Gobierno. Junto a esto el compromiso de que en los primeros cien días se derogarían todas y cada una de las medidas tomadas por el Ejecutivo de Mariano Rajoy, ya sea con consenso con otras fuerzas políticas y, si esto no fuera posible, por decreto, pero no para dejar la situación en el lugar donde se encontraba en 2.011 sino con nuevas medidas más adaptadas a las necesidades reales de los españoles. Por ejemplo, en lo referente a la Reforma Laboral, no volver a poner en circulación la de Zapatero, sino una nueva y presentarla a los ciudadanos a lo largo de la campaña con pelos y señales no con titulares vacíos de contenido. Lo mismo ocurría con la obligatoria reforma constitucional. Mientras otros partidos estaban presentando medidas concretas, como la creación de un proceso constituyente para redactar una nueva Carta Magna, el Partido Socialista lo dejaba todo entre brumas. En temas tan serios como estos era necesaria la máxima concreción: vamos a reformar tal o cual artículo de este modo, no dejándolo sólo en frases vacías como «blindar los derechos sociales». Eso era muy bonito y quedaba muy bien, pero ¿cómo se iba a llevar a la práctica? Es cierto que el PSOE tenía, y tiene, un problema con respecto a la sangría de votos porque le venía por dos flancos: el socialdemócrata y la izquierda. Sin embargo, la estrategia no debía ir hacia la búsqueda de votos en el centro-izquierda, sino en el caladero progresista y para eso se debía presentar un programa que se centrara en exclusiva en propuestas de progreso, en propuestas realmente socialistas. El voto de la socialdemocracia se capta a través de medidas que cubrieran las necesidades reales y que arreglaran los destrozos provocados por la derecha de Rajoy porque ese era el único camino para atraer a los votantes perdidos de cualquiera de los rangos antes explicados. El PSOE se equivocaba atacando a los emergentes, a su competencia real. Existe una máxima en ventas: «atacar a la competencia hace que tu producto pierda valor». Entrando en lucha frontal con Podemos o con Ciudadanos se perdía más que se ganaba, por tanto, la campaña socialista debía ir orientada a presentar sus propuestas y no a atacar a las de los emergentes y darles el valor suficiente como para que quien estaba indeciso respecto al sentido de su voto viera en los planteamientos socialistas la solución real a sus problemas.

Pedro Sánchez estaba llevando al PSOE hacia el peor resultado de su historia y todo por cometer errores que eran imperdonables en un partido con la experiencia en gestión de campañas electorales como la que se tenía después de tantos años programándolas. La excusa de que el voto se había fraccionado no era, ni es, válida porque se debieron tener los resortes suficientes como para poder captar el voto desencantado y el de quienes habían abandonado el barco por sentirse defraudados por los socialistas. Eso se hacía presentando un programa que generara ilusión y con una estrategia de campaña que tradujera esa ilusión en votos. No se hizo y los resultados fueron terroríficos.

EL PEOR RESULTADO ELECTORAL DE LA HISTORIA DEL PSOE

Estos fueron los resultados de las Elecciones Generales del veinte de diciembre de 2.015:

VOTOS POR PARTIDOS EN TOTAL ESPAÑA		
PARTIDO	ESCAÑOS	VOTOS
PP	123	7215530	28.72 %
PSOE	90	5530693	22.01 %
PODEMOS	69	5189333	20.66 %
C's	40	3500446	13.93 %
ERC-CATSI	9	599289	2.39 %
DL	8	565501	2.25 %
PNV	6	301585	1.2 %
UNIDAD POPULAR EN COMÚN	2	923105	3.67 %
EH Bildu	2	218467	0.87 %
CCa-PNC	1	81750	0.33 %
PACMA	0	219181	0.87 %
UPYD	0	153498	0.61 %

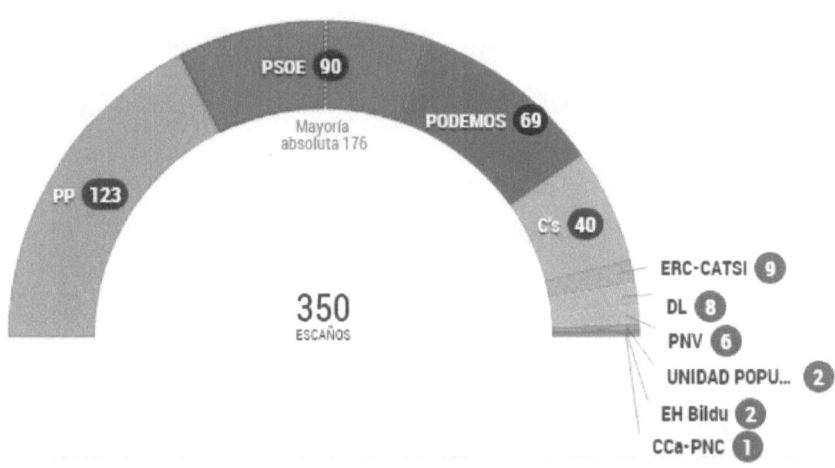

Escaños

100% ESCRUTADO

PSOE 90

Mayoría
absoluta 176

PODEMOS 69

PP 123

C's 40

350
ESCAÑOS

ERC-CATSI 9

DL 8

PNV 6

UNIDAD POPU... 2

EH Bildu 2

CCa-PNC 1

1

Como se puede comprobar, fueron unos «resultados históricos» para el Partido Socialista Obrero Español.

Hay que reconocer que en el 20D se produjo un hecho histórico, tal vez algo positivo para nuestra democracia, quizá un punto de inflexión en la evolución del régimen político que los españoles nos dimos tras la

---

[1] Fuente: *El País*.

muerte de Franco. Lo que quedó claro es que los ciudadanos decidieron que ya no quieren mayorías absolutas en el Parlamento, por mucho que haya quienes piensen que éstas son sinónimo de estabilidad; los españoles ya no quieren más dictaduras parlamentarias como la que hemos sufrido en los últimos cuatro años; la ciudadanía ya no quiere a gobiernos que legislen a golpe de Decreto Ley sin contar con la voz de millones de españoles representados en los escaños de la oposición. Sin embargo, hay algo que no cambió: la falta de autocrítica, el reconocimiento de errores y la no asunción de responsabilidades en los dos principales partidos tras unos resultados desastrosos en ambos casos. Del Partido Popular no se esperaba otra cosa porque, a pesar de haber perdido más de sesenta diputados y 2,7 millones de votos, los conservadores fueron la fuerza política con más votos y más escaños y eso es lo único que les importa. Son como José Mourinho: resultadistas hasta en la derrota. Del Partido Socialista se esperaba algo más, se esperaba un reconocimiento de la derrota y que se asumieran responsabilidades internas por haber obtenido los peores resultados de la historia pero con Pedro Sánchez como Secretario General eso jamás se podría haber producido. Una persona con su ego no aceptará nunca una derrota ni la asumirá.

La verdad es que no hay que echarle toda la culpa de la debacle socialista a Pedro Sánchez. Él sólo es una parte más del problema, una parte importante, sí, pero sólo una parte. El resultado del PSOE fue la consecuencia de la acumulación de hechos que lograron desencantar al electorado de izquierdas, incluyendo a parte de su propia militancia. Se siguió recogiendo la simiente perversa de los errores cometidos en los dos últimos años de la segunda legislatura de José Luis Rodríguez Zapatero, de la nefasta gestión económica de Elena Salgado y de las graves consecuencias para los ciudadanos que conllevó. Zapatero debió adelantar las elecciones a finales de 2.009 o principios de 2.010 antes de tomar las decisiones que se tomaron. No se hizo y la responsabilidad de la crisis recayó en el PSOE además de verse obligado a legislar en contra del ideario socialista, a pactar con el diablo genovés y a tener que aguantar durante los cuatro años siguientes el mantra de la «herencia recibida», un mensaje que no llegaba desde las filas ultraconservadoras que lo utilizaba como coartada para imponer sus políticas austericidas sino también desde la izquierda y de los movimientos herederos del 15M que, posteriormente, crearon Podemos. En noviembre de 2.011 el PSOE se encontró con ciento diez diputados y con una mayoría absoluta del PP que presagiaba una legislatura negra para los españoles tal y como hemos comprobado en nuestras carnes.

Una vez iniciada la legislatura de Rajoy el PSOE de Rubalcaba echó un poco más de tierra sobre el muerto con su actitud de pasividad irresponsable que ellos llamaron «oposición responsable» y que no era otra cosa que no hacer nada. Esa posición fue tomada por muchos españoles como una traición a la ciudadanía y aumentó la sensación de complicidad con lo que Rajoy estaba perpetrando por decreto: el famoso y desafortunado PPSOE. En esos momentos el

Partido Socialista debió haber liderado una respuesta contundente desde la calle, haber creado una situación de resistencia pasiva y no violenta donde las manifestaciones y las huelgas políticas ocuparan la actualidad del país. Esa imagen de revuelta constante hubiese dado la vuelta al mundo y hubiera afectado al Partido Popular. Por otro lado, teniendo en cuenta que la mayoría absoluta impedía cualquier movimiento en el Congreso, el mismo día en que Rajoy anunció todos los recortes que se iba a acometer, Alfredo Pérez Rubalcaba y el Grupo Parlamentario Socialista debieron presentar una moción de censura para tener la posibilidad de presentar a los españoles un proyecto alternativo a lo que estaba ejecutando el PP. Evidentemente, esa moción se iba a perder pero los españoles habrían tenido la sensación de que el PSOE era la única fuerza política que se preocupaba por sus problemas reales y que tenía otro modo de afrontar la crisis respecto a la del PP y a la de Zapatero. No se hizo y los ciudadanos se fueron separando del proyecto socialista, lo que se tradujo en el espectacular descalabro en las Elecciones al Parlamento Europeo, descalabro que se llevó por delante a Rubalcaba y a su Ejecutiva.

El PSOE celebró primarias para que los militantes eligieran con su voto a su Secretario General. Los socialistas mostraron en este proceso su ADN democrático, dieron un ejemplo que provocó que muchos volvieran a creer durante unos meses en la marca PSOE, sobre todo en un momento en que surgía a su izquierda un partido joven que daba la sensación de que iba a capitalizar en el medio plazo a los desencantados de las fuerzas progresistas tradicionales, además de absorber a los abstencionistas del 15M. Esas primarias las ganó Pedro Sánchez gracias al apoyo irresponsable de ciertas federaciones cuyos líderes pensaron que al ser el menos conocido de los tres iba a ser el más manejable. Pocos meses después tuvieron que reconocer que se habían equivocado. No era el que tuviera un mejor proyecto ni el que tenía un mayor carisma, más bien todo lo contrario. Sin embargo, en sus primeros meses pareció que el Partido Socialista remontaba. Fue sólo un espejismo ya que una vez que se inició la precampaña para las municipales y autonómicas la nueva Ejecutiva impuso un régimen personalista y autoritario que les llevó a disolver por decreto, o por cojones, federaciones regionales o a intervenir agrupaciones locales porque los candidatos elegidos democráticamente por la militancia en los procesos de primarias no eran del agrado de Ferraz. Este hecho sumado a una indefinición en los mensajes lanzados a la ciudadanía llevó al PSOE a romper un nuevo suelo electoral al obtener los peores resultados de su historia. Sin embargo, esa noche Pedro Sánchez salió como el triunfador de la noche, como no podía ser de otro modo teniendo en cuenta su narcisismo. Celebró un fracaso. Es cierto que se ganó poder a través de coaliciones pero se perdieron millones de votantes. El esperpento fue tan grande que en lugares donde se podía entrar en gobiernos se obligó desde Ferraz quedarse en la oposición porque quien podía obtener esa responsabilidad se podría convertir en un competidor de Pedro Sánchez.

Sumando todo lo anterior a la falta de empatía de Pedro Sánchez hacia los ciudadanos, a las constantes rectificaciones de medidas anunciadas, a la indefinición del proyecto de país que se tenía si se alcanzara la Presidencia de Gobierno frente a otros candidatos que dejaban las cosas muy claras, a utilizar como reclamo electoral el pasado del PSOE, cosa que es más negativa que positiva porque la herencia positiva del socialismo español es ya patrimonio de los ciudadanos mientras que lo negativo de ese pasado es sólo responsabilidad del partido, nos dio como resultado el tremendo fracaso de las Elecciones Generales.

Aquellos que por una lealtad mal entendida quisieron justificar lo injustificable dijeron —y siguen diciendo— que el escenario electoral era diferente, que Podemos creció mucho, que había mucha más polarización, etc., etc. Excusas de mal pagador. Fueron muchos miles de antiguos votantes socialistas, algunos antiguos militantes, los que depositaron su confianza en el partido de Pablo Manuel Iglesias. Este hecho es el que debió haber hecho reflexionar a los del cierre de filas. ¿Por qué se produjo esto? ¿Por qué se contaban por miles los que abandonban la militancia para irse a otros partidos? La razón era muy simple: el PSOE, con la excusa de ser un partido de gobierno, renunció a sus esencias progresistas para entrar en el limbo de la indefinición ideológica tan propia de los socialdemócratas o de los que ahora se denominan a sí mismos como «socialistas pragmáticos». La fragmentación no era excusa porque si se hubiera presentado un proyecto realmente de izquierdas y, sobre todo, se hubiese explicado bien, muchos de los que le dieron la espalda al PSOE desde el 2.011 hubieran vuelto a meter en la urna la papeleta del puño y la rosa. Si se hubiese presentado un proyecto con un perfil más de Jeremy Courbin que de personajes tan nefastos y siniestros como Manuel Valls, los resultados hubieran sido otros.

Desde Ferraz se quiso lanzar el mensaje de que el PSOE era el partido hegemónico de la izquierda española pero no se puede tener la hegemonía de nada cuando quien te disputa tu espacio político te sopla en el cogote. Al autor se le cayó la cara de vergüenza cuando en la comparecencia de Pedro Sánchez escuchó gritos de «Presidente, Presidente». ¿Alguien que no fuera un sectario creyó que el PSOE iba a gobernar con 90 diputados? Desde luego no, salvo que Sánchez traspasara demasiadas líneas rojas.

Otro efecto de los resultados del 20D fue la caída en las grandes ciudades y en las grandes circunscripciones. Lo de Madrid fue para hacérselo mirar no sólo por ser la cuarta fuerza sino porque, como ya se ha afirmado en capítulos anteriores, se permitió entrar en el Congreso a representar al PSOE a gente tan poco de fiar como Irene Lozano, política que durante toda la legislatura pasada hizo de su discurso un constante ataque a los socialistas y que, a día de hoy, no se ha retractado de dichos ataques mientras que socialistas de verdad, héroes del socialismo, referentes del socialismo, se quedaron sin escaño por el mero hecho de tener una mayor talla política que el Secretario General y candidato. Por no hablar de las paracaidistas.

¿Qué iba a ocurrir a partir del día veintiuno de diciembre? Hablemos claro: Pedro Sánchez lo tenía muy jodido, y lo sigue teniendo, tal y como analizaremos en páginas posteriores.

Pedro Sánchez llevó al PSOE a obtener los peores resultados de su historia. Él mismo lo dijo en la rueda de prensa de la noche electoral al afirmar que «se había hecho historia». Evidentemente, no en el sentido triunfalista que quiso darle él para que su ego no sufriera por algo «tan irrelevante» como ajustarse a la realidad de los hechos. Pedro Sánchez había hecho historia por llevar al Partido Socialista Obrero Español a la irrelevancia o al funambulismo si se quería ser relevante. Por esa razón debió presentar su dimisión. Sin embargo, alguien como él no dimite, le tienen que echar y para evitarlo ya había tejido una estrategia de paralización de los órganos internos a costa de la paciencia de los españoles.

TRAS LAS ELECCIONES, LOS PACTOS[2]

[2] (Nota del autor): Fue tal la polarización de la escena política española tras la Elecciones Generales que el análisis de lo ocurrido con nuestro protagonista y con el Partido Socialista es tan cambiante como lo han sido las actitudes de los actores políticos en estos días. Por eso, el análisis irá acompañado siempre de expresiones que determinen que lo analizado está enmarcado en lo que ocurría en esos momentos concretos.

Fue tal la polarización de la escena política española tras la Elecciones Generales que el análisis de lo ocurrido con nuestro protagonista y con el Partido Socialista es tan cambiante como lo han sido las actitudes de los actores políticos en estos días. Por eso

Los resultados de las elecciones del 20 de diciembre determinaron que la llave de la gobernabilidad de España quedara en manos del Partido Socialista Obrero Español a pesar de haber tenido los peores resultados de su historia tras la restauración de la democracia. Eso era un hecho que nadie, ni críticos ni palmeros de Pedro Sánchez, ni gente de derechas o de izquierda podía negar. La formación de un nuevo Gobierno en España dependía prácticamente en exclusiva del PSOE, de ahí que en Ferraz se estuvieran recibiendo presiones desde todos los puntos que el lector se pueda imaginar, incluso creo que llamaron hasta de la Tierra Media.

Es cierto que estar en la piel de Pedro Sánchez en esos días era un verdadero engorro. Por un lado estaban aquellos que le presionaban para que permitiera a Rajoy gobernar con su abstención y mantenerse en la oposición; por otro lado, los que creían que había que crear una macro-coalición progresista con Podemos, Izquierda Unida/Unidad Popular y con al apoyo puntual fuerzas nacionalistas en un Gobierno encabezado por el Secretario General del PSOE; finalmente, estaban los que anteponían lo que ellos llamaban «intereses de Estado» e insistían en la «Gran Coalición» con el Partido Popular. Había multitud de opciones. Sin embargo, el hecho de el Partido Socialista tuviera la sartén por el mango para resolver el problema de la gobernabilidad y la estabilidad en un escenario tan polarizado como el resultante del 20D no era sinónimo de estar en una posición de superioridad en las condiciones en las que se encontraba y se encuentra el PSOE y por quién está dirigido, más bien era todo lo contrario: el mango de la sartén quemaba mucho porque, se hiciera lo que se hiciera, el desgaste que iba a sufrir el

Partido Socialista sería muy superior al que se tuvo tras las penosas consecuencias que trajo para los ciudadanos la desastrosa gestión de los dos últimos años de Gobierno de Rodríguez Zapatero y las decisiones equivocadas que se tomaron.

Evidentemente el Partido Socialista Obrero Español no debía pactar con el Partido Popular de Mariano Rajoy o de Soraya Sainz de Santamaría tanto por razones ideológicas como por razones de estrategia política. Los cuatro años de Gobierno de la derecha demostraron que mantienen demasiados resabios del franquismo y durante los años de la dictadura fueron muchos los socialistas que sufrieron cárcel, torturas o fueron asesinados por oponerse al Régimen del 18 de julio. Eso no se puede olvidar. Sin embargo, desde los poderes económicos y empresariales, desde las instituciones europeas, se inició una campaña a través de sus órganos mediáticos de palmeros para que esta coalición al modo de las que son frecuentes más allá de los Pirineos sea una realidad para mantener un statu quo que les garantice sus privilegios o la sumisión a los dictados de los países fanáticos de la austeridad. Para colmo también entraron en el juego de esta corriente las «viejas glorias» socialistas, aquellos que han ocupado cargos de responsabilidad en gobiernos anteriores, algunos incluso que ostentaron la Presidencia, es decir, el enemigo en casa porque esos «jarrones chinos» aún tienen mucha influencia.

Por otro lado tenemos una coalición o un pacto con Podemos. Este escenario, en los días posteriores a las elecciones, era la manzana envenenada ya que el partido de Pablo Manuel Iglesias sabía y sabe que tiene un caladero inagotable de votos entre los socialistas desencantados, decepcionados o traicionados por las distintas Ejecutivas Federales que han ido pasando desde que en 1996 Felipe González dimitiera de sus cargos orgánicos tras la «dulce derrota». Ese era el motivo por el que los podemitas han dejado de lado sus reivindicaciones sociales para poner como línea roja para llegar a acuerdos con el PSOE la única que los socialistas no podrían aceptar: el referéndum de autodeterminación en

Catalunya. Parecía que los dirigentes de la formación morada ya les importaban muy poco la desigualdad o la casta. Ellos, en esos días, ya pensaban en el escenario de la repetición de elecciones, un escenario en el que pensaban que saldrían reforzados porque el desgaste del Partido Socialista sería tan grande que aquellos que habían votado a las listas del puño y la rosa con muchas dudas cambiarían hacia el partido de Pablo Manuel. Pactar con Podemos tampoco era una opción por más que fuera la estrategia más lógica.

¿Qué debía hacer Pedro Sánchez? Partimos de la base de que el actual Secretario General debía asumir la responsabilidad de los malos resultados, los peores de la historia. Asumir responsabilidades no debía quedarse en palabras vacías, como las dichas en el Comité Federal donde afirmó sin ningún tipo de vergüenza que las responsabilidades él las asumía en primera persona y se quedó ahí. Pedro Sánchez debió dimitir por decencia, por responsabilidad y por dignidad. Hacer lo que hizo es, por tanto, una irresponsabilidad hacia su partido con graves consecuencias. Sin embargo, él ni dimitió ni va a dimitir. Durante los primeros días de enero ya se encargó de plantear estrategias para mantenerse en el cargo como, por ejemplo, retrasar el Congreso Federal y anunciar su candidatura a la reelección, es decir, aferrarse a la Secretaría General porque su ego desorbitado le impide ver el fracaso al que ha llevado al PSOE primero en las municipales, donde se perdieron más de dos millones de votos, y en las generales donde se hizo el ridículo más espectacular, donde se consiguió que en las circunscripciones más importantes el Partido Socialista fuera la tercera o la cuarta fuerza en votos y escaños.

Como no iba a dimitir les planteamos lo que debió hacer Pedro Sánchez en esos días de enero. En primer lugar, debió asumir que no iba a ser Presidente del Gobierno y que su papel estaba en la oposición. Es decir, hacer patente ante los españoles su fracaso. En segundo lugar, hacer lo que la lógica indicaba que era mejor para los ciudadanos y para su partido, en este orden. La recuperación del PSOE pasaba, y pasa, por hacer crecer el potencial de su marca ante la desconfianza que entre unos y otros han generado entre la ciudadanía. Pedro Sánchez debió crear una estrategia de oposición responsable en la que se llegara a acuerdos constantes con el resto de fuerzas de izquierda para que fuera el propio Partido Popular quien se viera obligado a aprobar el programa electoral del PSOE reforzado o mejorado por propuestas incluidas en las líneas programáticas de los otros partidos. Presentar cada semana, cada quincena o cada mes un proyecto que obligara al PP a implementar las medidas de los socialistas; en cada Proyecto de Ley que presentara el Partido Popular incluir enmiendas de corte progresista que, negociadas con el resto de fuerzas, lograra que las Leyes aprobadas por el PP fueran lo contrario a lo que en principio pensaron. Esto era posible y, de este modo, se recuperaría mucha de la confianza perdida y el PSOE podría presentarse ante la ciudadanía como un partido de gobierno que piensa en la gente, en el ciudadano de a pie. Esto era pensar con la cabeza y conseguir sacar algún rédito de unos resultados electorales que demostraban que los españoles le iban dando la espalda poco a poco a quien implementó el Estado del Bienestar pero que confundió la responsabilidad de Estado con el abandono de las verdaderas necesidades del ciudadano de a pie.

¿Pensaría Pedro Sánchez con el cerebro o sólo con su ego? ¿Se conformaría con quedarse de nuevo en la segunda fila, a pesar de tener la sartén por el mango, o forzaría para alcanzar una Presidencia de Gobierno que tendría consecuencias irreparables para el PSOE? En aquellos días de enero éramos muchos los que nos temimos que primero pensaría en él, después en él y, finalmente, en los ciudadanos y en su partido.

El reto que los españoles había lanzado a la clase política era una verdadera carga de profundidad hacia unas estructuras anquilosadas. La situación política en España tras las Elecciones Generales del veinte de diciembre era, como hemos visto, confusa y estaba sacando a la luz muchas cosas que hasta ese momento quedaron ocultas tras la calma de la presunta estabilidad que daba la alternancia en el poder de dos partidos y de la irresponsabilidad del pueblo por su pasividad ante la realidad política. Tuvimos que sufrir una crisis económica provocada por las medidas que el gobierno de Aznar implementó con la complicidad de CiU y del PNV para que la ciudadanía despertara y se diera cuenta de que habían perdido la soberanía que tienen reconocida en la Constitución. Lo ocurrido el 20D fue la consecuencia de ese despertar de la fuerza del pueblo y de los programas ambiguos presentados por algunos que se creían salvadores de la patria y que no eran otra cosa que un bonito cartel electoral.

Es cierto que los españoles habían decidido tener un Parlamento totalmente polarizado, donde la aritmética impedía que se produjera un acuerdo natural entre distintas fuerzas para lograr una mayoría absoluta que diera cierta estabilidad. Por tanto, la tarea que los españoles le habían ordenado a los partidos era que volvieran a practicar la democracia en su significado más maximalista: diálogo, consenso, pactos, negociaciones y acuerdos ante las reformas necesarias que precisaba, y precisa, nuestro país. Sin embargo, tanto los de la «nueva política» como los de la «vieja política» no se dieron cuenta del mensaje de las urnas.

Por un lado estaban los que se creyeron muy astutos. En este lado teníamos, siempre refiriéndonos al comportamiento de estos primeros días de 2.016, a dos personajes y a dos partidos tan diferentes como Podemos y el Partido Popular. Los ultraconservadores, con Mariano Rajoy a la cabeza, pensaron ser muy sagaces al convocar las elecciones unos días antes de las fiestas navideñas. De este modo creyeron que lograrían que el efecto del consumismo patológico de esas fechas hiciera que los españoles vieran reflejado en sus compras la mejora de la economía que fue el único argumento de la campaña electoral del partido «genovés». Sabían que iban a tener un fuerte castigo y creyeron que la cercanía de las fiestas haría que la participación fuera muy baja. Su presunta astucia se tornó en estupidez tras los resultados que se dieron. Fueron el partido más votado, sí, pero quedaron incapacitados para gobernar porque después de la dictadura parlamentaria implementada desde 2.011 con su mayoría absoluta nadie querría investir a Mariano Rajoy como Presidente de Gobierno. Sin embargo, el alarde de «astucia» iba más allá de lo que pensaron que iba a ocurrir antes de las elecciones. Tras éstas permanecieron callados, apenas salían a los medios de comunicación, apenas se movían. Esperaban a que la izquierda se destrozara entre ella para presentarse ante los españoles como la única opción responsable de gobierno o para culpar a los progresistas como los culpables de la inestabilidad y de la convocatoria de unos nuevos comicios en verano. Pensaban que esta táctica de pasividad basada en el «dontancredismo marianista» les devolvería al poder.

Por otro lado estaban los «astutos» podemitas cuyo único propósito era, en aquellos días, que las generales se repitieran. La campaña electoral se les quedó corta y estuvieron a apenas 300.000 votos de superar al PSOE. Por eso tomaron la actitud que todos vimos. Ya no hablaban de desigualdad, de pobreza, de los de arriba o los de abajo. Lo importante era que en Catalunya había que convocar un referéndum de autodeterminación, es decir, el único punto que era, y es, innegociable para el Partido Socialista, la única fuerza política con la que se podía lograr una mayoría suficiente como para poder formar un gobierno que devuelva a los españoles lo que el PP les hurtó. Se creían muy astutos porque pensaban que el «sorpaso» al PSOE se produciría con esa repetición de comicios.

Lo que realmente quedaba demostrado en esos primeros días de año era una irresponsabilidad supina. Por un lado, el Partido Popular afirmando que ellos fueron los más votados y, por tanto, que eran los que tenían que gobernar olvidándose de un hecho que es capital en la política española: nuestra democracia no es presidencialista sino parlamentaria, por lo que es totalmente lícito y legítimo que otras fuerzas se unan para formar gobierno. Por otro lado, teníamos la irresponsabilidad, no del PSOE, sino de Pedro

Sánchez al no aceptar que lo suyo había sido un fracaso en toda regla. Su enrocamiento, su falta de autocrítica y su negativa a asumir responsabilidades eran factores que demostraban —y, tal vez, demuestran— que está incapacitado para encabezar un Gobierno en un escenario tan fragmentado como el surgido de la voluntad de los españoles. Una persona tan egocéntrica como Sánchez no puede asumir que han sido los ciudadanos los que le han puesto en el lugar que le corresponde y, por tanto, no sería capaz de aceptar que nadie haga lo contrario a lo que le dicta su voluntad, es decir, que demuestra que es un irresponsable.

Respecto a Podemos su actitud ante el nuevo escenario político donde se exigen negociaciones, pactos y consensos era de una insensatez extrema. Afirmar, como hacían en aquellos días, que ellos se presentaban a negociar los puntos de los demás pero que los suyos eran intocables demuestraba la bisoñez de la formación morada. Cuando uno se sienta en una mesa de negociación hay que tener claro que tu mochila saldrá más vacía de como entró. El partido de Pablo Manuel Iglesias no comprendía estos términos.

Finalmente, estaba Ciudadanos que sólo pedía responsabilidad para lograr una estabilidad basada en un pacto entre ellos, el PP y el PSOE, lo que se dio en llamar «la Gran Coalición». Este escenario era utópico porque sólo con los dos primeros partidos se hubiera logrado esa presunta estabilidad.

Sin embargo, no sólo eran nuestros líderes los que estaban teniendo comportamientos irresponsables, ilógicos e inconscientes. Por otro lado teníamos a los poderes fácticos que pedían a los partidos que tuvieran «altura de miras» y que hicieran lo mejor para España. Quedaba claro que lo que desde las altas esferas económicas, empresariales, eclesiásticas o desde las instituciones europeas «lo mejor para España» era sinónimo de todo lo que no afectara a sus intereses, es decir, que se siguieran aplicando las políticas del Partido Popular respecto a los tres primeros y que España continuara siendo un títere de la voluntad de la Comisión Europea y de Alemania.

Finalmente, teníamos la actitud del PSOE, el único que podía lograr que se formara gobierno a través de pactos. El problema de los socialistas se hallaba, y se halla, en quién está al mando del barco. Pedro Sánchez se encontraba en una situación límite, tanto a nivel interno como externo. Sus resultados, los peores de la historia con noventa escaños y con Podemos soplándole en el cogote, generaron, lógicamente, la petición de que asumiera sus responsabilidades y se marchara convocando los procedimientos estatutarios para la elección de un nuevo Secretario General (primarias y Congreso) y de un nuevo candidato a la Moncloa si fuera necesario. Sin embargo, Pedro Sánchez estaba, y está, rodeado de una caterva de pretorianos que defienden todas y cada una de sus insensateces provocando que pensara que mantenerse donde está era lo correcto.

Por otro lado, nos encontrábamos con la situación de la izquierda: dividida, como siempre, pero con una posibilidad de gobernar. En primer lugar, en esos días no se hacía más que escuchar menciones y propuestas sobre la creación de una mayoría de izquierdas para desalojar al Partido Popular del poder. Esas peticiones llegaban tarde. A lo largo de los años este autor ha defendido a ultranza esa unidad de los principales partidos de la izquierda española para crear un frente común contra las políticas neoliberales y mercantilistas del Gobierno de Mariano Rajoy. El autor es consciente de que esas peticiones de unidad caían en saco roto porque las posturas entre el Partido Socialista e Izquierda Unida, en un primer momento, y la posterior entrada en el escenario político de Podemos, lo hacían imposible. Es el ADN del progresismo hispánico: dejar las puertas del poder abiertas de par en par a las opciones más conservadoras porque primero está la lucha por la hegemonía o ser el más puro representante de la izquierda (una especie de lucha por el ADN rojo) que estar a la altura de las circunstancias y unirse para dar los ciudadanos un país donde se hagan políticas que generan desigualdad, donde no se permita que un español se quede en la calle porque no pueda pagar su hipoteca por causas sobrevenidas, donde se prioricen las necesidades de las clases trabajadoras a los de las élites, un país donde sus ciudadanos no tengan que hacer colas en los comedores sociales o en los bancos de alimentos para poder sobrevivir porque su Gobierno es incapaz de generar las políticas de creación de empleo que son necesarios para tener una vida digna.

Las llamadas a la unidad de la izquierda llegaban tarde, como decíamos. Se quería hacer el trabajo de años en apenas un mes y medio. Eso era imposible sobre todo cuando se anteponían intereses partidistas a los de la ciudadanía. Esa unidad de la izquierda española debió comenzarse a fraguar tras las europeas de mayo de 2.014. Los resultados de esos comicios hacían necesario que los líderes de los tres principales partidos progresistas abrieran una mesa de negociación para crear una coalición de izquierda de cara a las Generales de 2.015, algo así como se hizo en 1976 con la Plataforma de Organismos

Democráticos donde no sólo había formaciones progresistas sino de todos los ámbitos ideológicos que conforman el arco ideológico de cualquier democracia moderna. Si entonces, cuando la piel era más fina desde el punto de vista de la ortodoxia ideológica tras cuarenta años de dictadura, lograron ponerse de acuerdo en un programa de medidas para el punto de partida de lo que sería el cambio de régimen, ¿cómo es posible que desde el 2.014 no pudieran ponerse de acuerdo el Partido Socialista, Izquierda Unida y Podemos para coaligarse con el fin de dar una respuesta común a las verdaderas necesidades del pueblo? El tiempo ha demostrado que esta idea ni se la plantearon.

¿Por qué el autor cree que la fecha en que debió iniciarse ese camino es el mes de mayo de 2.014? La respuesta la dieron las urnas. Después de dos años y medio de gobierno de Mariano Rajoy; después de dos años y medio de recortes al Estado de Bienestar, de leyes que iban en contra del interés general real de la ciudadanía; después de dos años y medio de aumento de la precariedad laboral, de despidos masivos, de bajada salvaje de los salarios; después de dos años y medio de hambre, desahucios y de emergencia social; después de dos años y medio de dictadura parlamentaria los españoles volvieron a hacer primera fuerza política al responsable de tales tropelías, los españoles no castigaron en su justa medida al Partido Popular. Viendo este escenario era necesario que los partidos progresistas se sentaran a negociar para presentarse en una candidatura única a las Generales. Ni se hizo ni se lo plantearon.

Faltaba al menos un año para que se convocaran las Elecciones Generales. Había tiempo suficiente para que PSOE, IU y Podemos llegaran a un acuerdo con un programa común, con un candidato común, con unas líneas de acción comunes. Llegó el 20D y la izquierda se volvió a presentar por separado y volvió a ganar Mariano Rajoy. Tras la fragmentación parlamentaria determinada por la voluntad de los españoles se volvía a hablar de un gobierno de izquierda, algo que aritméticamente es imposible sin contar con los nacionalistas.

¿Qué hubiera pasado si esa unión entre los partidos progresistas se hubiese producido antes de las elecciones? Tomaremos como base los resultados del 20D. La unidad de los tres principales partidos de izquierda habría obtenido 11.643.131 votos, un 45,19% del voto escrutado, es decir, 4,43 millones de votos más que el PP. Traducido a escaños esa coalición habría logrado entre 165 y 171 diputados, una mayoría suficiente para gobernar, para devolver al pueblo lo que el Partido Popular le arrebató y para iniciar las reformas profundas que España necesita para regenerar su democracia.

El tiempo fue corriendo y se dio un hecho que nadie esperaba: Mariano Rajoy rehusaba a la investidura que le había propuesto el Jefe del Estado porque no tenía los apoyos suficientes. Pedro Sánchez se vio con la oportunidad de ser él el elegido por Felipe de Borbón para optar a la Presidencia del Gobierno con sus pírricos noventa escaños. El hecho de que se le propusiera ser el candidato a la investidura le daba aire en el nivel interno del partido y le permitía asumir un protagonismo que su resultado electoral parecía haberle negado. Ser candidato a la investidura le permitía poner todas las excusas posibles para retrasar el Congreso de febrero, fecha en la que finalizaba su mandato, y para coartar la actividad del partido en aras de buscar acuerdos con otros partidos. En principio, importantes miembros del Comité Federal se opusieron a entregarse totalmente a Podemos y pusieron varias condiciones para las negociaciones: no pactar con el Partido Popular ni con ningún partido que pusiera en cuestión la unidad de España. Pedro Sánchez reaccionó enfrentándose a su Comité Federal convocando una consulta a las bases sobre los pactos. El Secretario General pensó que la militancia, teóricamente con un espíritu más de izquierdas, apoyaría ese pacto con Podemos. Para esta consulta se permitía el voto de las Juventudes Socialistas cuando en las primarias para la elección del candidato a la Presidencia de Gobierno se les negó. Como podemos comprobar, Pedro Sánchez utiliza a la militancia según sean sus intereses. Cuando no le interesa lo que determinan esas bases, retuerce los Estatutos para poder intervenir a las federaciones o agrupaciones que no se pliegan a sus intereses. Cuando le interesa, la voz de la militancia es soberana.

Sin embargo, no todo iba a ser fácil y el espectáculo que dieron los políticos de izquierda ante la investidura de Pedro Sánchez como Presidente de Gobierno fue lamentable. No nos referimos sólo a la actitud de Podemos sino también a la de un Partido Socialista que no tiene rumbo, ni programa, ni liderazgo.

En primer lugar, nos encontramos con una actitud por parte de todos que estaba basada más en el egoísmo que en otra cosa. Cuando el autor se refiere a egoísmo no lo hace respecto a la falta de preocupación hacia los demás sino más bien al excesivo aprecio que tiene una persona por sí misma, es decir, el antónimo de altruismo, lo opuesto de la anteposición del bien común sobre el interés personal. Esta actitud venía provocada por el excesivo ego de los líderes políticos y las palabras sobre el cambio, sobre la necesidad de un gobierno de progreso, que escuchamos cada vez que hablaban los representantes del

PSOE y de Podemos no eran más que guiños para la galería porque estaban vacíos de contenido. Por un lado, teníamos la obsesión casi patológica de Pedro Sánchez por alcanzar la Presidencia cuando sus «resultados históricos» no daban para nada más que para la creación de un Gobierno instalado en la precariedad y en la constante amenaza de la disolución del mismo. Esa obsesión de protagonismo es la propia de los líderes débiles que necesitan estar siempre en la cresta para no desaparecer en el más absoluto anonimato. Por otro lado, nos encontramos con el ego exacerbado de Pablo Manuel Iglesias y con la inexperiencia torticera de Podemos a la hora de tener un espíritu de Estado ante la situación. Su obsesión casi patológica por ser el presidente en la sombra, es decir, de ser quien decida pero sin dar la cara es un ejemplo más de la anteposición del ego a los intereses de la ciudadanía.

En segundo lugar, nos encontramos con que las negociaciones para formar un Gobierno de progreso y que reflejara el cambio que los españoles reclamaron con su voto el veinte de diciembre estaban topándose con el odio intrínseco de las dos principales fuerzas políticas de la izquierda. Sí, odio. Sabemos que es una palabra muy fuerte pero es la realidad. Por un lado teníamos a un PSOE debilitado por el liderazgo erróneo y autoritario de Sánchez y por la mochila de las decisiones equivocadas y alejadas de la ideología socialista tomadas por el Ejecutivo de Rodríguez Zapatero. Por el otro lado estaba Podemos que no buscaba otra cosa que la hegemonía de la izquierda a través del hundimiento del Partido Socialista, es decir, lo mismo que quiso hacer Anguita en la década de los noventa con su pinza con el PP de Aznar. Esto genera odio y desconfianza, dos actitudes que son contrarias a cualquier espíritu negociador donde lo que se espera es, precisamente, todo lo contrario: entendimiento, empatía y saber ceder.

En tercer lugar, los ciudadanos vimos con estupor la irresponsabilidad de unos y otros. Iñaki Gabilondo, en su opinión diaria para el programa Hoy por Hoy, lo definió perfectamente: «Los ciudadanos votamos y los políticos, con los datos que les damos, han de resolver el problema y constituir un Gobierno. Pero resulta que si no son capaces de resolver este problema, tenemos que cambiar nosotros». Los ciudadanos, el pueblo, la gente, decidieron que no querían una nueva mayoría absoluta, que no querían que los intereses ideológicos se antepusieran a sus intereses, que lo que querían es que nuestros políticos hicieran su trabajo y se pusieran de acuerdo en anteponer nuestras necesidades a las particulares de cada uno. Sin embargo, el espectáculo que se dio, tanto por parte del PSOE como de Podemos, fue de una irresponsabilidad supina. Habían pasado más de dos meses desde las elecciones y aún no se habían sentado a hablar. No entramos en la responsabilidad de cada cual en el parón pero sí que debemos entrar a valorar el hecho de que desde el mismo día veintiuno de diciembre ya se tuvieron que haber producido los primeros encuentros. Pero no se hizo nada. La irresponsabilidad de Podemos y del PSOE de Pedro Sánchez hizo que todo se tuviera que hacer deprisa y corriendo, los primeros por su obsesiva determinación de pactar en primer lugar su entrada en el Gobierno antes que en llegar a un acuerdo sobre las políticas a desarrollar por ese Ejecutivo, los segundos por alargar los plazos con el único fin de retrasar los órganos y los procesos internos que habrían de decidir el futuro político del actual Secretario General. Los ciudadanos nos quedamos en un segundo o un tercer lugar de prioridad.

Este panorama nos llevó a tener una situación en la que la voluntad ciudadana quedó relegada al residuo más extremo. Los españoles decidieron que querían que nuestros políticos se sentaran a hablar, que negociaran todas y cada una de las políticas, que se regenerara nuestra democracia a través del acuerdo y del consenso. Sin embargo, se encontraron con unos políticos de tercera regional más centrados en sus intereses personales que en los del pueblo.

Como no se lograba cerrar un acuerdo de investidura con el resto de fuerzas progresistas, ni siquiera a través de la reunión que mantuvieron los equipos negociadores de

PSOE-Podemos-IU/UP y Compromís, y los plazos se iban agotando, lo que obligaba a Pedro Sánchez a someterse a la Sesión de Investidura sin ningún apoyo más allá de sus noventa «históricos» escaños, aceleró las negociaciones con Ciudadanos hasta lograr un pacto en el que el PSOE claudicó ante los postulados neoliberales del partido de Albert Rivera. Fue de tal modo la rendición de Pedro Sánchez ante la nueva derecha con tal de tener algo con que presentarse en el Congreso que fueron muchos los militantes que se sintieron avergonzados, cuando no traicionados, por quien presuntamente tenía la obligación de defender en las negociaciones puntos innegociables que habían quedado depauperados en el acuerdo, un pacto que, además, fue firmado en el Congreso de los Diputados rodeado toda la parafernalia, de todo el attrezzo y con toda la solemnidad que tanto agrada a Pedro Sánchez. Ese pacto fue un error, como se está viendo en el tiempo en que se están escribiendo estas líneas y es una de las principales causas de que las probabilidades de que se tengan que repetir las elecciones aumenten a medida que se está acabando el tiempo antes de que Felipe de Borbón disuelva las Cortes.

En todo el tiempo que va desde que Pedro Sánchez salió eufórico a la sala de prensa de Ferraz a anunciar que se había logrado un «resultado histórico» hasta finales del mes de febrero, que es el lugar donde nos encontramos en esta narración, el Secretario General del Partido Socialista Obrero Español no había hecho más que fracasar, es decir, lo único que sabe hacer desde que está en la primera línea de la política española.

Como ya hemos analizado anteriormente, Pedro Sánchez fracasó en todas y cada una de las citas electorales en las que el PSOE ha concurrido desde que es Secretario General salvo en las Elecciones Andaluzas donde el Partido Socialista fue la lista más votada pero no fue por mérito suyo sino por la entidad de la figura de Susana Díaz. Tanto en las municipales y autonómicas de mayo de 2016 como en las generales de diciembre se obtuvieron los peores resultados de la historia del Partido Socialista. En las primeras se recuperó poder tanto municipal como autonómico pero a costa de pactos, no porque fuera la fuerza más votada. En las segundas, el PSOE de Pedro Sánchez se quedó por debajo de 100 escaños, un «resultado histórico». Como ya hemos dicho en varias ocasiones, todos estos fracasos electorales tendrían que haber derivado en la dimisión inmediata de Pedro Sánchez y de su Ejecutiva. Sin embargo, él se aferró al cargo con la esperanza de conseguir unos pactos que le llevaran a la única tabla de salvación que le quedaba: ser investido Presidente de Gobierno.

Por otro lado, fue un irresponsable al aceptar el encargo de Felipe de Borbón. El hecho de presentarse ante el Jefe del Estado como el único que podía conformar una mayoría suficiente para gobernar sin tener cerrado ningún principio de acuerdo demuestra que Pedro Sánchez sólo pensaba en su supervivencia política. Con un Comité Federal en su contra, con unos dirigentes territoriales que le advertían de que no se podían hacer concesiones a las peticiones inasumibles de Podemos, el Secretario General del Partido Socialista se enrocó y puso a las bases como parapeto para seguir en el candelero mientras se celebraban las negociaciones que debían haberse iniciado el día después de las elecciones. Los tiempos se le echaban encima y no lograba tener ningún acuerdo realmente progresista cerrado. **Este es el principal fracaso de Sánchez**. Aceptar la candidatura del Jefe del Estado pensando que todas las fuerzas de la izquierda se le iban a echar en brazos y pactarían con él sin cuestionarse nada fue una irresponsabilidad y, como era de esperar, los plazos para cerrar algún acuerdo se acabaron sin ese gran pacto de progreso y de cambio. Por tanto, tuvo que echarse en brazos de la única baza que le quedaba: Ciudadanos.

Este es el tercer fracaso de Sánchez, el pacto con una fuerza política de corte neoliberal, con unos planteamientos totalmente opuestos en las materias que teóricamente debería defender el PSOE. El acuerdo con Ciudadanos, por mucho que pretendieran venderlo como de progreso, no es más que humo, puro marketing «pedrista». Las concesiones que el PSOE tuvo que hacer para cerrar el pacto con C's deberían ser inasumibles para cualquier socialista. En ese acuerdo no se deroga la Reforma Laboral porque en cuestiones tan sensibles como las indemnizaciones por despido se siguen manteniendo los 33 días por año trabajado o se acepta la progresividad de las indemnizaciones en base a la antigüedad propugnadas por el partido de Albert Rivera en su programa electoral. En ese acuerdo se mantienen los copagos sanitarios, no se blinda la sanidad pública, no se deroga la Ley Mordaza, sólo se modifica, se disimulan con eufemismos los copagos farmacéuticos o se deja muy en el aire la derogación de la reforma de la Ley del Aborto del PP, por citar alguno de los múltiples guiños neoliberales de los que está trufado todo el texto. Esto no es muy socialista. Todo daba igual porque lo importante era salvar a Pedro Sánchez.

El sábado veintisiete de febrero los militantes socialistas debían ratificar con su voto esos acuerdos en la farsa de consulta que la Ejecutiva organizó para frenar a los críticos y a los dirigentes territoriales. Antes del miércoles veinticuatro, Pedro Sánchez no tenía ningún pacto con el que presentarse a la investidura ni para que la militancia votara. Por eso era totalmente necesario cerrar el acuerdo con Ciudadanos: Sánchez tenía que tener algo, lo que fuera, aunque ese algo fuera una claudicación en toda regla ante la derecha, ante las «Nuevas Generaciones del Partido Popular», tal y como él mismo denominó al partido de Albert Rivera.

El siguiente fracaso fue la propia consulta. Los resultados hablaban por sí solos: una participación por debajo del 60% del total de militantes demostraba que éstos, fueran o no «pedristas», le dieron la espalda al Secretario General porque, en realidad, un referéndum sólo tiene sentido si hay un porcentaje elevado de participación. Un 48% de la militancia no quiso participar en la farsa. Del 52% que sí lo hizo un 79% votó favorablemente al pacto con Ciudadanos, esto quiere decir que de la totalidad de la militancia sólo un 40% estuvo de acuerdo con dicho pacto, el 60% restante le dio la espalda por omisión o porque no creían que pactar con la derecha fuera lo mejor para el socialismo español. No era cierto, como los «pedristas» querían hacer ver, que ese 79% diera un cheque en blanco a Pedro Sánchez para hacer lo que le viniera en gana; no era cierto que un 79% de la militancia estuviera a favor de pactar con la derecha. Más bien se trataba de lo contrario. Pedro Sánchez sufrió un revés en su intento de hacerse con la voz de la militancia para utilizarla como aval ante los críticos. Un referéndum con tan poca participación tiene muy poco valor.

El siguiente fracaso lo tuvimos en la sesión de investidura. Pedro Sánchez no fue elegido Presidente de Gobierno en ninguna de las dos votaciones. La necesidad de tener un pacto provocó que se echara en brazos del oponente y que tuviera que claudicar de tal manera que el resto de fuerzas de la izquierda no le apoyaran. Fue bastante patético cómo intentó culpar a los partidos progresistas, mendigando su abstención, sin darse cuenta de que los principios están por encima del ego, de que los principios que uno defiende están por encima de cálculos electoralistas. El resto de las fuerzas de la izquierda no apoyaron el pacto PSOE-C's por una sencilla razón que a él parecía olvidársele: porque se trataba de un texto con el que ningún progresista podía sentirse satisfecho, con el que ningún progresista podría llevar la cabeza alta sin sentir que ha traicionado principios irrenunciables. Las matemáticas no fallaron y Pedro Sánchez no tiene el número suficiente de apoyos para lograr ser investido: los 130 escaños que ha sólo obtuvo ciento treinta y un apoyos. En ese instante, el acuerdo con Ciudadanos había muerto políticamente, por lo que ese momento era el que Pedro Sánchez tendría que elegir entre continuar amarrado a un barco que no llevaba a más puerto que unas nuevas elecciones o se centraba en negociar con quien no tenía que haber dejado de hacerlo, con sus aliados naturales.

Dejemos aparcado momentáneamente el asunto de la formación de gobierno y volvamos al lío interno porque, aprovechando que los focos dirigían su luz hacia las negociaciones, el PSOE de Pedro Sánchez dio un nuevo giro en su modo de actuar autoritario. El Partido Socialista Obrero Español fue siempre una organización en la que la crítica interna ha sido, es y esperamos que siga siendo una de sus señas de identidad porque el respeto a la diversidad de opinión y a la libertad de uso de la misma es algo que diferencia a los socialistas de muchos otros partidos. Sin embargo, desde que Pedro Sánchez es Secretario General las cosas cambiaron mucho, sobre todo en la base, tal y como hemos visto anteriormente. En primer lugar, en referencia al culto a la personalidad. En la misma medida, desde Ferraz se comenzaron a ultimar estrategias en las que no se quería que existiera duda alguna sobre Sánchez. No se admitía la crítica o que los militantes, en su libertad de voto, eligieran a un cabeza de lista distinto al que estuviera más en consonancia con la Ejecutiva tal y como vimos con las intervenciones vergonzosas de federaciones y agrupaciones cuando la militancia eligió a listas no acordes con los intereses de Ferraz. Vitoria, Murcia, Ávila o Madrid son algunos ejemplos de ese intervencionismo más propio de un régimen autoritario que de un partido que siempre se caracterizó por la convivencia de distintos sectores y por la crítica interna lo cual es un ejemplo de democracia interna. Aprovechando que toda la atención informativa se hallaba en cubrir los constantes fracasos de Pedro Sánchez a la hora de conformar una mayoría con la que pudiera ser investido Presidente de Gobierno, se dio una vuelta más de tuerca. De cara al Congreso que se debería celebrar en el mes de mayo han comenzado a ejecutar expedientes de expulsión por el simple hecho de ser críticos con el Secretario General y con su estrategia. Pedro Sánchez no acepta la democrática discrepancia que debe haber en cualquier organización basada en la libertad como debería ser el PSOE. No son ni uno ni dos, son muchos más. En algunos casos se decidió tirar por la calle de en medio y con la excusa de la falta de liquidez despidió, aplicando la Reforma Laboral de Mariano Rajoy, a todos aquellos trabajadores-militantes que eran críticos o que se hallaban cercanos a dirigentes locales, provinciales o regionales que no aceptan el modo en que se está gestionando el partido. De momento, sólo se están atreviendo con la base porque si lo hicieran con algún dirigente el escándalo sería mayúsculo y se descubriría a la opinión pública el autoritarismo con que funciona la actual Ejecutiva. Este comportamiento, estas purgas a quienes no acatan los principios marcados por Ferraz o no se pliegan a la adulación del líder, es, en parte, un modo de aplicar la estrategia del miedo tan común en los regímenes autoritarios: «si hablas, ya sabes» o «calladitos estáis mejor».

Volvamos a los movimientos de Pedro Sánchez a la hora de conformar una mayoría que le permitiera ser investido Presidente de Gobierno.

Ante la situación de desprestigio del PSOE, ante este desapego de la ciudadanía respecto del proyecto socialista, una situación que se viene arrastrando desde que Zapatero no dio el paso que tuvo que dar en 2010 y convocar elecciones, Pedro Sánchez pudo tomar dos caminos a la hora de intentar formar gobierno: el digno o el indigno. En cambio, hizo lo de siempre: abrir una vereda nueva, la suya.

Con los resultados electorales en la mano, con tan sólo noventa diputados, Pedro Sánchez podría haber cogido el camino digno y la misma noche del veinte de diciembre tendría que haber presentado su dimisión como Secretario General y haber convocado un proceso de elección por primarias y Congreso Extraordinario, tal y como hicieron en su momento Almunia tras el batacazo del año 2.000 o Rubalcaba tras el desastre de las Elecciones Europeas. No lo hizo porque había una posibilidad de formar gobierno siempre y cuando Felipe de Borbón le propusiera como candidato a la investidura, hecho que se produjo tras la huida de Mariano Rajoy. En ese momento Pedro Sánchez debió haber tomado la senda digna que la nueva situación le exigía: llegar a un acuerdo de gobierno con las fuerzas de la izquierda y pactar con Ciudadanos su abstención en la sesión de investidura y una vez alcanzada la Presidencia llegar a acuerdos con el nuevo partido neoliberal para garantizar la gobernabilidad. De este modo no hubiese incumplido el mandato del Comité Federal de dejar de lado a todos aquellos partidos que pusieran en cuestión la unidad del Estado.

Por otro lado, también podía haber cogido el camino indigno, es decir, la Gran Coalición con el Partido Popular y Ciudadanos, tal y como pretendían los poderes fácticos que hiciera, tal y como pretendían ciertos líderes socialistas retirados que hiciera, líderes que piensan más en sus admiraciones por la socialdemocracia alemana o sueca que en la verdadera situación de la ciudadanía. No lo hizo, y actuó con coherencia.

Sin embargo, tal y como hemos visto ya en multitud de ocasiones, Pedro Sánchez siempre tiene una prioridad sobre todas las demás: Pedro Sánchez. Por eso tomó un camino propio, el camino de Pedro Sánchez. Todos los días que pasaron desde que Felipe de Borbón le propusiera como candidato a la investidura han sido días perdidos por la falta de audacia política del Secretario General del

PSOE y porque ganaba tiempo de cara al movimiento interno. Cuantos más días pasaran, más días en los que no se tendría que enfrentar a un más que probable relevo en la Secretaría General ya que los posibles candidatos tienen una mayor talla política que él y, desde luego, un carisma que jamás podrá alcanzar. Esa es una de las razones por las que en las horas en las que se escriben estas líneas aún no tenemos gobierno. Hay que tener en cuenta que Pedro Sánchez, a día de hoy, es una especie de okupa de la Secretaría General del PSOE puesto que su mandato finalizaba en febrero, fecha en la que se debería haber celebrado un Congreso Ordinario donde, tras el proceso de primarias correspondiente, se elegiría un nuevo Secretario General. Para evitar esto e intentar reforzar su deteriorada situación interna, Pedro Sánchez hizo lo imposible para retrasar dicho Congreso. Lo logró para que no se interpusiera en las negociaciones para formar gobierno trasladándolo al mes de mayo. Como ha fracasado también en esas negociaciones, movió los hilos para aplazarlo al otoño.

Para mejorar el disparate se dio cuenta de que llegar a acuerdos con los partidos de la izquierda, tal y como se hizo en las Comunidades Autónomas gobernadas por el PSOE, iba a ser demasiado complicado para alguien de tan poca talla política como es él. Las exigencias de los otros partidos, gran parte de ellas de una irresponsabilidad mayúscula, hacían que se intensificaran las negociaciones para poder presentarse ante la sesión de investidura con un pacto progresista como el portugués. No forzó la negociación ante la pasividad de Podemos y tiró por el camino fácil: presentar un pacto con la derecha neoliberal lo que imposibilita cualquier otro acuerdo con las fuerzas progresistas. Sin embargo, el hecho de que se vaya acercando la fecha en que Felipe de Borbón tendrá que disolver las Cortes y no haya gobierno le favorece a Pedro Sánchez desde el punto de vista interno. Por eso eligió el camino más complicado, la nueva senda que había que desbrozar y por la que nadie quiere caminar.

Volvamos al pacto Sánchez-Rivera. Este acuerdo era, desde la estrategia política, uno de los mayores errores que un partido cometió en toda la historia de nuestra democracia. Del mismo modo en que el agua y el aceite no se pueden mezclar por mucho que se intente, intentar aunar dos ideologías que defienden (o deberían defender) aspectos totalmente opuestos es muy complicado. Habrá quien diga que la democracia es eso: llegar a acuerdos que parecían imposibles. Habrá quien ponga como ejemplo de ello lo que ocurrió en la Transición cuando personas tan diferentes como Adolfo Suárez, Manuel Fraga, Felipe González o Santiago Carrillo se pusieron de acuerdo, cosa que es cierta pero ese razonamiento olvida que lo que se pactó en aquellos años fueron pactos de Estado y no pactos de gobierno porque nunca hubo necesidad de ello. Habrá quien afirme que en la situación política actual, desconocida hasta la fecha, todos deben ser flexibles en sus planteamientos para alcanzar acuerdos, olvidándose de que una cosa es ceder y otra claudicar.

Tanto la derecha como los poderes fácticos en España no quedaron satisfechos ante los resultados electorales, ante lo que el pueblo español decidió con su voto el veinte de diciembre. Desde el día siguiente a las elecciones fuimos testigos de cómo desde la banca, el empresariado, la Iglesia o desde los partidos de la derecha se lanzaron mensajes con el único fin de mantener al Partido Popular en el poder gracias a la «Gran Coalición» con el Partido Socialista e incluyendo en esta operación a Ciudadanos, el nuevo partido que representa los valores del neoliberalismo económico que les favorece. La negativa del PSOE a entrar en ese juego les hizo plantearse una nueva estrategia, un nuevo planteamiento que llevara al país a una paralización total de las negociaciones y, de ese modo, impedir que se creara un gobierno progresista y de cambio, un gobierno que desterrara definitivamente las políticas que benefician a unos pocos y que generan una mayor desigualdad con el pueblo.

El pacto de Ciudadanos con el Partido Socialista es la mayor trampa política que se ha visto en España desde la Transición. Lo que la derecha pretendía con ese pacto era ganar tiempo para generar hartazgo en los españoles, hartazgo que se traduciría en una mayor abstención en las elecciones de junio, una abstención que siempre beneficia a la derecha. Lo que realmente se busca es que se repitan los comicios para que finalmente la suma de escaños del Partido Popular y Ciudadanos den una mayoría suficiente para gobernar y para mantener a la ciudadanía bajo el yugo del neoliberalismo, de la austeridad, de los recortes y para terminar la destrucción del Estado del Bienestar que inició Rajoy en 2.012. Pedro Sánchez cayó en esa trampa que los poderes fácticos le tendieron al firmar el pacto con Rivera sonriendo y creyéndose un estadista. Estas líneas se están escribiendo a falta de veinte días para que se cierre el plazo para que el Jefe del Estado disuelva las Cortes y lo que se encontró el Secretario General del PSOE es un portazo por parte de su socio de acuerdo, una puñalada que todos los que fueron el «pacto de la vergüenza» esperaban que llegaría tarde o temprano y que le dejaba a Pedro Sánchez dos opciones: elecciones o cerrar la vía de un verdadero pacto de cambio y progreso. Como siempre, hará lo que su ego le indique o lo que le favorezca a él.

www.ingramcontent.com/pod-product-compliance
Lightning Source LLC
Chambersburg PA
CBHW030441290526
45786CB00001B/385